孙子兵法

国学国艺必读丛书

册一

［百世兵家之祖］

北京联合出版公司

总序

中华文明的历程，源远流长，据地下出土的实物考证，迄殷商之际，就已经出现文明起源的标志——文字。此种文字，或刻于甲骨，或铭于青铜，概因材料限制，所记史事无不约略而简明。春秋时期，简牍出现，而后缣帛流传于世。但仍未步入寻常百姓家。直到纸张的出现，典籍才真正扩大了传播的范围。

璀璨的中华民族文化典籍，先后在这些载体中延续，为后世留下了一笔宝贵的精神财富。延至唐代，雕版印刷术的发明，加快了典籍的传播进程。有宋以来，活字印刷术的出现，使大批量典籍的印制成为可能。刻书不再为官府独有，开始扩大到民间。两宋三百余年间，刻书事业极为兴盛，据不完全统计，官私刻书竟达一万多种，而印刷数量更是以千万来计，各种名目的图书进入了百姓之家。即便元代，虽不足百年，然刻书数目也达到三千多种，蔚为可观。

然而，随着朝代更迭，『兵燹』与『祸乱』并行，各种典籍散佚极其严重，加之历代执政者焚书，传世典籍已经日趋珍稀。至明清，唐五代时期所刻典籍，如片鳞只甲，大多湮没于世；而宋元时期所刻典籍，亦所剩无多。宋版书千金难求，一旦偶获，即被奉为瑰宝。无怪乎清代版本学家、校勘学家顾广圻发出这样的慨叹：『宋元本距今远者八百余年，近者不足五百年，而天壤间乃已万不一存。』

时至今日，文物古籍已成稀世之宝，多被束之高阁，藏于各大图书馆、博物馆之中。随着科技的进步，通过高超的影印技术可以把古籍准确地还原出来，让人思接千载，神游万仞。但令广大读者遗憾的是，面对这些艰涩的辞句，真能入乎其中、探骊得珠者，为数甚少。而境外诸邦，咸称中国传统文化，尊奉其为修身真理，治世良策。有鉴于此，新排古籍应运而生。这种融古今于一体的出版方式，真正适应了大众读者的需求。它采用了线装的形式，加入现代人的阐释和解读，使这些曾闪现在历史长河中鲜为人知的思想火花，呈现出绚丽的光芒，有力地推动了中华文化在海内外的传播和发展。

前言

中国是兵家的国度，讲究用兵谋略，各种兵家著述盛行于世，其中尤为人推重者，莫过于《孙子兵法》了。《孙子兵法》是中国古典军事文化遗产中的璀璨明珠，词约意丰，内容博大精深，载誉数千年，传抄翻刻者历代不绝。凡用兵者，必先仔细研读，领悟其精髓，方能决胜千里。

《孙子兵法》成书于春秋末期，是中国古典军事文化遗产中的璀璨瑰宝。其内容博大精深，思想精邃富赡，逻辑缜密严谨。全书分十三篇，五千余言，将天时、地理、兵将等行军用兵的相关因素一一透彻分析，是孙武多年征战经验的总结。所谓『知己知彼，百战不殆』，『兵者，诡道也』，已成为后世取之不尽、用之不竭的资源宝库。该书自问世以来，对中国古代军事学术的发展产生了巨大而深远的影响，被人们尊奉为『兵经』、『百世谈兵之祖』。

《孙子兵法》言简意深，比较难懂，为此我们重新编辑了这本先贤智慧的结晶。选取了中国历史上许多著名的战役，与原文结合，分析出其中的兵法思想。让读者领略更真实、更原汁原味的醇酿，从而形成自己的智慧解读。用现代人的语言解读经典，选取中国古代优秀的古版画为插图，图文并茂，以图释文。三国时著名的军事家曹操第一个为《孙子兵法》作了系统的注解。身为统帅的曹操精通兵法，因此他的注释具有很高的权威性。曹操首开注《孙子兵法》之先河，之后注家蜂起，由此形成了著名的《十一家注孙子》。为了更透彻地理解兵法的精髓，我们悉心选取了这十一家评注《孙子兵法》的精彩内容作为批注。

时至今日，《孙子兵法》已不仅仅是兵家言论，它的精神已渗透到世人生活的各个角落，从中获益者不可胜数。无论是商场、管理、交际、生活等方方面面，随处可见《孙子兵法》的身影。编者亦精心摘选大量商场案例，配合原文，帮您全面解读这部千古奇书。

读《孙子兵法》，参悟兵法谋略，相信本书能让您领略更真实、更原汁原味的醇酿。

目录

孙武与孙子兵法

一、话说孙子

对于我们中国人来说，孙子这个人恐怕也不是无人不知，无人不晓的。特别是在当今世界，当人们的想象力早已被武器的现代化程度超越之后，孙子与其军事理论还会有冷兵器时代的荣耀与光华吗？每一个维护中国传统的人可能都会心怀惴惴。但文化的力量明显更超乎我们的想象，当孙子兵法在异国他乡更盛于往昔之时，当孙子正在被全球的兵家顶礼膜拜之时，我们完全有理由骄傲地说：『孙子是中国的孙子，更是世界的孙子』。

进入二十一世纪以来，海湾战争和美国军队吸引了最多的视线，如果根据眼球经济理论，那么它们可能是价值最高的，尽管它们已经能够被称之为代价最高的战争和最奢华的军队。孙子兵法在这场全世界最吸引眼球的较量中完全不落下风。

2003年第二次美伊战争爆发之后，美英联军在伊拉克实施了代号为『震慑』的大规模空袭行动，『震慑』行动的目的是利用精密制导炸弹来摧毁伊拉克军队的士气。美国国防大学教官哈兰·乌尔曼博士说：『我们始终在思考像孙子所说的那种「不战而屈人之兵」的战略』，『震慑』行动正是在此基础上提出的。接着他们又根据《孙子兵法》中『擒贼擒王』的思想，发动了针对萨达姆本人及其驻地轰炸的代号为『斩首』的军事行动。美军虽然拥有先进的武器，精密的制导炸弹，但在战略战术中却体现出《孙子兵法》的基本思想。这不得不让我们深切佩服孙子这位 2500 年前的军事智者。拥有超人智慧和惊人的运筹能力的孙子究竟是怎样的一个人呢？

二、姓氏的来源

孙武的祖辈姓陈，但他为什么姓孙？

在中国古代，氏族社会实行群婚制，所以，生下来的孩子只知其母而不知其父。在这种婚姻情况下，子女也只能随母亲取姓，世系也只可能由母亲方面确定。因此，古代的姓多从女子的姓，例如姚、嬴、姬等。而后，因为子孙繁衍。一个氏族自然分成了若干个分支，分居各地。既然分散居住，久而久之便自立称号，这就是氏。如商人的祖先本姓子，后分支为殷、时、宋、空同等氏。氏的称谓来源或来自祖先的号，例如轩辕氏、高阳氏等等；或来自祖先的谥号，例如文、武、昭、景、成等等；或来自祖先的国家，例如齐、鲁、吴、楚、燕、赵等等；或来自祖先的爵位，例如王、侯、王孙、公孙等等；或来自祖先的官职，例如司马、司徒、司空等等；或来自祖先的职业，例如卜、巫、陶、优等等；或来自祖先的住地，例如西门、南官、东官等等。

在先秦时期，只有贵族才有姓，平民是没有姓的，但是从秦代开始，姓和氏慢慢合二为一，到了汉代就都统称为姓。

孙武生活在春秋战国末期，正处于姓氏分合的过渡时期，能够称氏，也能够称为姓。

根据史料记载，孙武的祖先原来姓田，是陈公子完的后裔。陈公子完，是陈历公的儿子，前705年出生，在他三十三岁时，陈国内部发生了动乱，陈氏家族的人杀了太子御寇，公子完怕招致杀身之祸，就逃到了齐国，到了齐国，齐桓公就将他封到了田这个地方，于是公子完就变成了田完。齐桓公对田完很是器重，他被委任为一个管理手工业的小官。此后，孙武的祖先就从陈国的王族变为齐国的贵族。到了田完的第五代，也就是孙武的爷爷这一代，因为立下了赫赫战功，被当时的齐景公赐食邑于乐安，并赐姓孙，这就是孙子姓氏的由来。

三、孙武的一生

孙子，姓孙，名武，是春秋末期人，生卒年月难以确定，可能与孔子是同一时期，主要生活在前五百年前后。孙子或孙武子是人们对孙子的尊称，他是春秋末期齐国乐安（今山东惠民）人。

当时的齐国内政完全由几大家族掌控，而且时常发生内部争斗。前532年夏季，田氏联合鲍氏，乘执政的旧贵族栾氏、高氏放松了警惕的时候，利用了他们举办宴会的机会突然派兵包围了他们。经过激烈的战斗打败了以栾氏、高氏为代表的旧的贵族势力。这就是所谓的齐国『四姓之乱』。

孙武就是在这种纵横凶险的斗争环境中成长起来的，但是这在某种意义上也为孙武提供了机会来洞察统治集团上层斗争，从而锻炼了他善于应变的机智才能，令他的思想得到了新兴地主阶级世界观的极大影响。同时，因为孙武的祖辈都精通于军事，这无疑为孙武继承发扬和学习先人的军事思想提供了良好的条件。齐国在历史上是大军事家姜子牙的封地，后来又是大政治家、军事家管仲的主要活动场所，留下了非常丰富的军事遗产。齐桓公称霸以后，齐国又一时成为当时中国政治、经济、文化、外交、军事活动的中心，成为豪杰云集的地方。这样的社会环境，为孙武进行军事研究，提供了诸多便利条件，使他能够在青年时代就成为学识渊博的军事人才。

『四姓之乱』后，孙武离开了齐国，来到南方新兴的吴国寻找属于自己的理想和抱负，他最初在都城姑苏（苏州）附近隐居起来，过着一种恬静简朴的农耕式的生活。只是在耕耘之余，将祖辈所传下来的军事斗争经验加以总结和整理，并写成了兵法。在隐居期间他认识了因受楚王迫害而逃到此处的伍子胥，并结为密友。

周敬王四年（516），吴国发生了一个重大的政治事件，那就是吴公子光唆使伍子胥推荐的勇士专诸，刺杀了吴王僚，篡夺了王位。这一事件在司马迁《史记》中有精确的描述（详见《史记·刺客列传·卷八十六》）。专诸是一位武艺高强的勇士，是伍子胥推荐给公子光的，目的是为了保护公子光的安全，公子光厚待专诸，专诸感激不尽，愿意为公子光刺杀吴王。后来吴王来赴宴，专诸假扮成仆人把短剑藏在了鱼腹内，利用上菜的机会突然拔出短剑将吴王僚杀死。就这样公子光夺取了王位，成为了吴王阖闾。

阖闾是一位励精图治、奋发有为的君王，他作风正派，生活俭朴，不贪图享受，一心只想着要使吴国振兴。伍子胥深知吴王思贤若渴，急于招见天下贤能之士，就把孙武推荐给了吴王，并曾经在一天之内，连续举荐了七次。吴王听了之后，就即刻召见了孙武，这次见面，给予了孙武展示自己的机会，也进而引出了孙武演阵法斩美姬的故事。

受到伍子胥的推荐后，孙子便带着孙子兵法去见阖闾，阖闾看了孙武的孙子兵法后暗暗称赞，想封他为大将军，但是，又想试一下孙武的真本领，就让孙子当面演习阵法。他故意不给孙子一兵一卒，而是从后宫挑选出了一百八十名嫔妃，让孙子指挥他们演习阵法。孙武丝毫不介意，他把这些嫔妃分为两队，并让吴王最宠爱的两个嫔妃作为两队的队长。孙武对这两个嫔妃队长说：『你们两个各带一队，听我击鼓传令，不得怠慢。』嫔妃点头答应，于是孙武认真地敲起鼓来，发出了向前行进的鼓令，嫔妃们因为没有经过这种事情，都觉得很可笑，于是都不听鼓令，笑了起来，笑成一团。孙武板起脸孔来说：『对部下约束不严，命令不清，这是我主将的责任。』于是，孙武再次向嫔妃们申明号令，然后击鼓，这一次，鼓声一响，嫔妃们笑得更严重了，笑得肚子疼，腰都笑弯了。这时孙武再次停止敲鼓，严肃地说：『上次下令不被执行是主将的责任；这次又不执行就是吏卒的责任了。』于是大喝一声：『把两队的队长推出去斩首！』吴王正在高台上观看演习，一见要杀掉两个喜爱的嫔妃，吓得连忙叫人传令给孙武：『寡人已经明白将军会用兵了，请不要斩杀我的嫔妃。』孙子回答道：『臣既然受命成为主将，将在军，君命有所不受。』说完就下令把吴王喜欢的两个嫔妃当场斩首。然后又重新挑选出两个嫔妃担任两队的队长，接着演练。这一次嫔妃们都害怕了，个个惊恐，每个人都严格遵守命令，一举一动，都符合规矩，阵列十分整齐。这时孙武派人报告吴王：『兵阵已经操练好了，大王能够用她们出征打仗了，哪怕赴汤蹈火，她们也会奋勇前进。』从此以后，孙子赢得了吴王的信任，开始了他长达三十年的军事生涯。

吴国慢慢强大了以后，吴王就想发动大规模的伐楚战争，孙武认为当时吴国的军事实力还不可以与楚国正面交锋，伐楚的时机尚不成熟，于是就把当时吴国的两万军队分成了三个部分，互相轮换，反复骚扰楚国。经过六年的骚扰，楚国的十万大军最后终于被拖得疲惫不堪、戒备松懈，趁着这个时机，孙武率领军队悄悄地绕过正面战场，迂回攻击楚国的东北部，再让吴王和伍子胥从正面进攻，一举战胜了楚国，占领了楚国都城。

在先后攻破了齐国后，吴国的势力和地位大增，慢慢地取代了晋国的霸主地位。在此之后，孙武的事迹就不再见于史籍。孙武在功名成就后就急流勇退，归隐山林了。

四、《孙子兵法》

我们都知道《孙子兵法》这个名字，只要一被提起，其中的许多军事格言大家都能背诵，甚至脱口而出，例如『知己知彼，百战不殆』、『上兵伐谋』、『不战而屈人之兵』等等。《孙子兵法》作为兵法而言，它是一个完善的体系。《孙子兵法》的基本特点，就是从哲理的层面出发，用哲学理性的精神来观察研究战争的现象，并探讨和揭示战争的一般规律，提出了一系列指导战争的具体方法和策略。《孙子兵法》共十三篇，全文总共不到六千字，各篇既独立成章，又自成一体系，相互联系在一起。书中所记的关于战略战术的韬略、军事法度、将领的素质、军事心理、天气地理、行军扎营、水势火攻等等无所不包，就连运用军事间谍也有着十分详细的分类和阐述。

面对着这样博大精深的军事思想体系，当今的人们不能不由衷地发出惊叹。孙子兵法是我国最早最著名的兵书。孙武在书中全面系统地阐述了自己的政治、军事见解和战略战术思想。他的军事思想的核心是『不战而屈人之兵』的全胜思想，在中国乃至世界的军事史上都发挥着深远的意义。《孙子兵法》还反映了孙武朴素的辩证法的思想，他在书中指出，在一定条件下对立的因素往往是能够相互转化的，有时少可胜多，弱可胜强，哪怕是处于不利地位的也可以转败为胜。他对战争的各个方面都提出了一些非常重要的原则。

从军事的角度出发我们会发现《孙子兵法》存在着四个层次：首先是他的战争观念。作为一个军事家，一个军事思想家，他首先对战争保持一个基本态度，要理清战争与政治的关系，与经济的关系，与国家前途的关系等等。孙子的战争观中，『慎战』的思想是最重要的核心，要谨慎地对待战争。孙子并不否定战争，因为在当时，各个国家为了寻求各自利益的平衡，战争是个不可避免的历史现象，战争在这一情况下也是必要的存在，因此孙子不反对战争，但是他反对的是穷兵黩武，把战争看成是解决一切问题的手段是他所反对的，这是孙子战争思想的基本态度。这也是他的战争观，简单地总结就是『慎战』的思想。

其次，就是他的战略思想。孙子的战略思想有很多，可是精华部分也就是三条：第一，他推崇『不战而屈人之兵』的全胜战略，就是说要追求完全，追求以最小的代价取得最大的胜利；第二，提倡先发制人，这在他的战略思想里十分突出。他认为，打仗不能被动挨打，必须要自己主动地出击；第三，他认为战争应当速战速决，就是要进攻、进攻、再进攻，用最短的时间取得最大的利益，达到战争的目的。这是他整个战略思想的一个基本情况。

第三就是他的军事思想领域的层次，也是兵学体系里的第三个层次—他的战术思想，这也是《孙子兵法》全篇的核心。《孙子兵法》其实就是用兵打仗的方法，实质就是讨论应该如何打仗。他提出很多的重要的原则，其中包括他在战争中要争取主动的思想—『致人而不受致于人』。这个理论虽然看似简单但是确实是战争里面的核心思想。就是说要对敌人进行调动，而不是要被敌人所调动，也就是说要在战场上时时刻刻控制主动权。再有就是他讲在战争中要『知彼知己』，不了解情况不可以打仗，情况了解得不充分也不可以打仗，不但要知己知彼，而且要尽快了解情况，而且了解情况应该及时，过了有利时机再打，那『黄瓜菜都凉了』。还有就是我们时常说的『避实而击虚』，实力不如别人的时候不能硬碰硬，而要利用自己的优势去打击别人的薄弱环节，这是很关键的方面。

第四就是孙子的管理理论。这是建设军队和管理军队的一个基本思路。军队来自于平民老百姓，没有经过调教，没有一定的纪律，没有一定的章法，是不能形成战斗力的。因此孙子对这个问题十分重视，提出了一系列的具体治军的办法。这些办法有很多，包括将领的任用，部队的训练、赏罚等等，用《孙子兵法》中的一句话来形容就是『令之以文，齐之以武』，就是要对士兵进行教化，对士兵进行思想教育，用严格的军纪来治理军队，这一点与现代军队管理思路是完全相同的。

五、《孙子兵法》的影响

在国内外军事领域，《孙子兵法》的影响和贡献是世界所公认的。美国著名军事理论家约翰·柯林斯在其撰写的军事名著《大战略》中指出：『古代第一个形成战略思想的伟大人物是孙子』，『在今天对于战略的相互关系没有一个人比孙子有更深刻的理解。』《孙子兵法》十三篇可以和历代名著包括克劳塞维茨的《战争论》相媲美。《孙子兵法》和《战争论》有很多相类似的地方，有所不同的是，孙武的比克劳塞维茨早了二千二百多年，《孙子兵法》对前人用兵的经验进行了总结，又结合本人的战争经历。而克劳塞维茨只是研究了一百三十多个战例，和自己亲自参加了的几场战争。

《孙子兵法》的内容博大精深，揭示出了战争的最一般规律，这在中国军事史和军事学术史上都占有重要的地位。《孙子兵法》是一部『舍事而言理』，运用『抽象法』来论述军事领域内部联系和规律的杰出著作。它又是从战略高度来对军事问题进行论述的，具有高屋建瓴的气魄。书中充满了对睿智聪颖的深刻赞扬，饱含着对昏庸愚昧的无情鞭挞，显露出对穷兵黩武的暗示警告，贯穿着对军事哲理的无限探索。其中的许多名篇警句，都有着极其丰富的思想容量。这些都充分显示出孙武过人的创作天赋和慧眼卓识。兵学家们学习它，得以登堂入室，从而步入军事学的宝库；军事家们学习它，得以领悟制胜之本，从而点燃起智慧的圣光。

《孙子兵法》对于中国思想史的发展变化具有重大的影响，以至于孙武又有着『武贤人』的称号。历代军事家、思想家都对孙子推崇备至。就连傲视四方的一代枭雄曹操也说：『吾观兵法战策多矣，孙子所著深矣』。明代的戚继光认为，这本书『纲领精微』，是『上乘之教』。而茅元仪则说：『前孙子者，孙子不能遗；后孙子者，不能遗孙子。』

孙子兵法

计[1]篇第一

曹操曰：计者，选将、量敌、度地、料卒、远近、险易，计于庙堂也。○李筌曰：计者，兵之上也。《太一遁甲》先以计，神加德宫，以断主客成败。故孙子论兵，亦以计为篇首。○杜牧曰：计，算也。曰：计算何事？曰：下之五事，所谓道、天、地、将、法也。于庙堂之上，先以彼我之五事计算优劣，然后定胜负；胜负既定，然后兴师动众。用兵之道，莫先此五事，故著为篇首耳。○王皙曰：计者，谓计主将、天地、法令、兵众、士卒、赏罚也。○张预曰：管子曰：『计先定于内，而后兵出境。』故用兵之道，以计为首也。或曰：兵贵临敌制宜，曹公谓计于庙堂者，何也？曰：将之贤愚，敌之强弱，地之远近，兵之众寡，安得不先计之？及乎两军相临，变动相应，则在于将之所裁，非可以逾度也。

原文

孙子曰：兵[2]者，国之大事[3]，死生之地，存亡之道，不可不察[4]也。

杜牧曰：《传》曰：『国之大事，在祀与戎。』○张预曰：国之安危在兵。故讲武练兵，实先务也。李筌曰：兵者凶器，死生存亡系于此矣，是以重之，恐人轻行者也。○杜牧曰：国之存亡，人之死生，皆由于兵，故须审、察也。○贾林曰：地，犹所也，亦谓陈师、振旅、战阵之地。得其利则生，失其便则死，故曰死生之地。道者，权机立胜之道。得之则存，失之则亡，故曰不可不察也。《书》曰：『有存道者，辅而固之；有亡道者，推而亡之。』○梅尧臣曰：地有死生之势，战有存亡之道。○王皙曰：兵举，则死生存亡系之。○张预曰：民之死生兆于此，则国之存亡见于彼。然死生曰地、存亡曰道者，以死生在胜负之地，而存亡系得失之道也，得不重慎审察乎？

注释 ①计：预计、计算的意思。这里指战前通过对敌我双方客观条件的分析，对战争的胜负做出预测、谋划。②兵：本义为兵械。后逐渐引申为兵士、军队、战争等。这里作战争解。③国之大事：意谓国家的重大事务。④不可不察：意指不可不仔细审察，谨慎对待。察，考察、研究。

譯文 孙子说：战争是国家的大事，是关乎到人民生死、国家存亡的重要方面和根本问题，是不可以不加以认真研究的。

原文 **故经之以五事①，校之以计，而索其情②：**曹操曰：谓下五事七计，求彼我之情也。〇李筌曰：谓下五事也。校，量也。量计远近，而求物情以应敌。〇杜牧曰：经者，经度也；五者，即下所谓五事也；校者，校量也；计者，即篇首计算也；索者，搜索也；情者，彼我之情也。此言先须经度五事之优劣，次复校量计算之得失，然后始可搜索彼我胜负之情状。**一曰道③，**张预曰：恩信使民。〇曹操曰：谓道之

梅尧臣

梅尧臣，字圣俞，世称宛陵先生，北宋诗人。宣州宣城（今属安徽）人。宣城古称宛陵，世称宛陵先生。在北宋诗文革新运动中与欧阳修、苏舜钦齐名，并称「梅欧」、「苏梅」。曾为《孙子兵法》作注，梅注为孙子十家注（或十一家注）之一。

以教令。**二曰天，**张预曰：上顺天时。**三曰地，**张预曰：下知地利。**四曰将④，**张预曰：委任贤能。**五曰法⑤。**杜牧曰：此之谓五事也。○王皙曰：此经之五事也。夫用兵之道，人和为本，天时与地利则其助也。三者具，然后议举兵。兵举必须将能，将能然后法修。孙子所次，此之谓矣。

道者，令民与上同意也⑥，张预曰：以恩信道义抚众，则三军一心，乐为其用。《易》曰：『说以犯难，民忘其死』。**故可以与之死，可以与之生，而不畏危⑦。**曹操曰：谓道之以教令。危者，危疑也。○李筌曰：危，亡也。以道理众，人自化之，得其同用，何亡之有！○贾林曰：将能以道为心，与人同利共患，则士卒服、自然心与上者同也。使士卒怀我如父母，视敌如仇雠者，非道不能也。○张预曰：危，疑也。士卒感恩，死生存亡，与上同之，决然无所疑惧。**天者，阴阳⑧、寒暑⑨、时制⑩也。**曹操曰：顺天行诛，因阴阳四时之制。故《司马法》曰：『冬夏不兴师，所以兼爱民也。』○李筌曰：应天顺人，因时制敌。○杜佑曰：谓顺天行诛，因阴阳四时刚柔之制。○杜牧曰：阴阳者，五行、刑德、向背之类是也。今五纬行止，最可据验。○贾林曰：读时制为时气，谓从其善时，占其气候之利也。**地者，远近、险易⑪、广狭⑫、死生⑬也。**曹操曰：言以九地形势不同，因时制利也。论在《九地篇》中。○李筌曰：得形势之地，有死生之势。○梅尧臣曰：知形势之利害。○张预曰：凡用兵，贵先知地形。知远近，则能为迂直之计；知险易，则能审步骑之利；知广狭，则能度众寡之用；知死生，则能识战散之势也。**将者，智、信、仁、勇、严⑭也。**曹操曰：将宜五德备也。○李筌曰：此五者，为将之德，故师有丈人之称也。○贾林曰：专任智则贼；偏施仁则懦；固守信则愚；恃勇力则暴；令过严则残。五者兼备，各适其用，则可为将帅。○梅尧臣曰：智能发谋，信能赏罚，仁能附众，勇能果断，严能立威。○何氏曰：非智不可以料敌应机；非信不可以训人率下；非仁不可以附众抚士；非勇不可以决谋合战；非严不可以服强齐众。全此五才，将之体也。○张预曰：智不可乱，信不可欺，仁不可暴，勇不可惧，严不可犯。五德皆备，然后可以为大将。**法者，曲制⑮、官道⑯、主用⑰也。**曹操曰：曲制者，部曲、旗帜、金鼓之制也。官者，五官之分也。道者，粮路也。主用者，主军费用也。○李筌曰：曲，部曲也，制，节度也。官，爵赏也。道，路也。主，掌也。用者，军资用也。皆师之常法，而将所治也。○张预曰：曲，部曲也；制，节制也。官谓分偏裨之任；道谓利粮饱之路。主者，职掌军资之人；用者，计度费用之物。六者，用兵之要，宜处置有其法。**凡此五者，将莫不闻⑱，知之者胜，不知者不胜⑲。**张预曰：已上五事，人人同闻；但深晓变极之理则胜，不然则败。**故校之以计，而索其情。**曹操曰：同闻五者，将知其变极，即胜也。索其情者，胜负之情。○杜牧曰：谓上五事，将欲闻知，校量计算彼我之优劣，然后搜索其情状，乃能必胜，不尔则败。○贾林曰：《书》云：非知之艰，行之惟难。』○王皙曰：当尽知也。言虽周知五事，待七计以尽其情也。○张预曰：上已陈五事，自此而下，方考校彼我之得失，探索胜负之情伏也。**曰：主孰有道⑳？**曹操曰：道德智能。○李筌曰：孰，实也。有道之主，必有智能之将。范增辞楚，陈平归汉，即其义也。○杜牧曰：孰，谁也。言我与敌人之主：谁能远佞亲贤，任人不疑也。○杜佑曰：主，君也；道，道德也。必先考校两国之君，谁知谁否也。若荀息料虞公贪而好宝，宫之奇懦而不能强谏是也。○张预曰：先校二国之君，谁有恩信之道，即上所谓『令民与上同意』者之道也，若淮阴料项王仁勇过高祖，而不赏有功，为妇人之仁，亦是也。**将孰有能㉑？**杜牧曰：将孰有能者，上所谓智、信、仁、勇、严也。〇梅尧臣同杜牧注。〇王皙曰：若汉王问魏大将柏直，曰『是口尚乳臭，不能当韩信』之类是也。〇张预曰：察彼我之将，谁有智、信、仁、勇、严之能。若汉高祖料魏将柏直不能当韩信之类也。**天地孰得㉒？**曹操李筌并曰：天时、地利。〇杜牧曰：天者，上所谓『阴阳、寒暑、时制』也；地者，上所谓『远近、险易、广狭、死生』也。〇杜佑曰：视两军所据，知谁得天时、地利。〇梅尧臣曰：稽合天时，审察地利。〇王皙同杜牧注。〇张预曰：观两军所举，谁得天时地利。若魏武帝盛冬伐吴，慕容超不据大岘，则失天时地利者也。**法令孰行？**曹操曰：设而不犯，犯而必诛。〇杜牧曰：县（悬）法设禁，贵贱如一。魏绛戮仆，曹公断发是也。〇杜佑曰：发号出令，校孰下不敢犯。〇梅尧臣曰：齐众以法，一众以令。〇王皙曰：孰能法明令便，人听而从。〇张预曰：魏绛戮扬干，穰苴斩庄贾，吕蒙诛多人，卧龙刑马谡，兹所谓设而不犯，犯而必诛，谁为如此？**兵众孰强㉓？**杜牧曰：上下和同勇于战为强；卒众车多为强。〇梅尧臣曰：内和外附。〇王皙曰：强弱足以相形（刑）而知。〇张预曰：车坚马良，士勇兵利，闻鼓而喜，闻金而怒，谁者为然？〇梅尧臣曰：车骑闲习，孰国精粗？〇王皙曰：孰训之精？〇何氏曰：勇怯强弱，岂能一概？〇张预曰：离合聚散之法，坐作进退之令，谁素闲习？**士卒孰练㉔？**杜牧曰：辨旌旗，审金鼓，明开合，知进退，闲驰逐，便弓矢，习击刺也。**赏罚孰明？**杜牧曰：赏不潜，刑不滥。〇杜佑曰：赏善罚恶，知谁分明者。故王子曰：『赏无度，则费而无恩；罚无度，则戮而无威。』〇梅尧臣曰：赏有功，罚有罪。〇王皙曰：孰能赏必当功，罚必称情？〇张预曰：当赏者，虽仇怨必录；当罚者，虽父子不舍。又《司马法》曰：『赏不逾时，罚不迁列。』于谁为明？**吾以此知胜负矣㉕。**曹操曰：以七事计之，知胜负矣。

注释 ①经之以五事：此句意谓要从五个方面分析、预测。经，度量、衡量。五事，指下文的『道、天、地、将、法』。②校之以计，而索其情：此句意谓要通过比较双方的谋划，来探索战争胜负的情势。校，衡量、比较。计，指筹划。索，探索。情，情势，这里指敌我双方的实情，战争胜负的情势。③道：本义为道路、途径，引申为政治主张。④将：将领。⑤法：法制。⑥令民与上同意也：意谓使民众与国君统一意志，拥护君主的意愿。令，使、让的意思。民，普通民众。上，君主、国君。意，意愿、意志。⑦不畏危：不害怕危险。⑧阴阳：指昼夜、晴雨等不同的气象变化。⑨寒暑：指寒冷、炎热等气温差异。⑩时制：指春、夏、秋、冬四季时令的更替。⑪远近、险易：远近，指作战区域的距离远近。险易，指地势的险要或平坦。⑫广狭：指作战地域的广阔或狭窄。⑬死生：

曹操会兵击袁术

孙策欲起兵攻袁术，但恐有失，于是联合曹操，两军夹击。袁术兵大败。

指地形条件是否利于攻守进退。死，即死地，进退两难之地。生，即生地，易攻能守之地。⑭智、信、仁、勇、严：智，智谋才能。信，赏罚有信。仁，爱抚士卒。勇，勇敢果断。严，军纪严明。此是孙子提出的作为优秀将帅所必须具备的五种品德。⑮曲制：有关军队的组织、编制、通讯联络等具体制度。⑯官道：指各级将吏的管理制度。⑰主用：指各类军需物资的后勤保障制度。主，掌管。用，物资费用。⑱闻：知道、了解。⑲知之者胜，不知者不胜：此句意谓对五事（道、天、地、将、法）有深刻的了解，对这些条件掌握得好，就能胜，掌握得不好，则不能胜。知，知晓，这里含有深刻了解、确实掌握的意思。⑳主孰有道：指哪一方国君政治清明，拥有民众的支持。有道，指政治清明。㉑将孰有能：哪一方的将领更有才能。㉒天地孰得：哪一方拥有天时、地利。㉓兵众孰强：哪一方的兵械锋利，士卒众多。兵，此处指的是兵械。㉔士卒孰练：哪一方的军队训练有素。练，娴熟。㉕吾以此知胜负矣：我根据这些情况来分析，即可预知胜负之归属了。

譯文 因此，要从五个方面进行仔细的比较分析，从而探察了解敌我双方的实际情况。这五个方面，一是政治，二是天时，三是地利，四是将帅，五是法制。所谓政治，指的是能使人民与君主同心同德的政治路线和政策方针，让人民心甘情愿与君主同生共死，而不惧怕任何危难。所谓天时，指的是用兵时的昼夜晴雨、严寒酷暑、春夏秋冬等气候情况。所谓地利，指的是用兵打仗时距离的远与近，地势的险峻与平坦，地域的宽阔与狭窄，是死地还是生地等地理条件。所谓将帅，指的是要考察他是否具有足智多谋、言而有信、关爱部下、勇猛果断、治军严明等素质和能力。所谓法制，指的是军队的组织编制、军事训练、管理教育、军令法规、武器装备、军需供应等情况。以上这五个方面的情况，将帅们没有不了解的；但只有真正通晓和掌握这些情况的人才能取得战争的胜利。所以说，必须从以下几个方面认真计算比较，从而探索敌我双方胜败的情况。也就是说比较敌我：哪一方的君主政治清明，路线政策正确？哪一方的将帅有才能？哪一方占有天时与地利？哪一方的军纪严明、法令能严格执行？哪一方的兵力比较强大？哪一方的士兵训练有素？哪一方的军队管理有方、赏罚分明？根据这些情况就可以判断谁胜谁负了。

释例一 这五方面的素养，被称为『五才』或『五德』。岳飞就是这样的全才之将。他严于律己，带兵有方，在抗金战争中立下大功。

释例二 前206年，韩信向刘邦说：『项羽一声怒吼，千人都吓得胆战腿软，但是他不信任人，不把重要的任务交付给有能力的将领们。他的勇不过匹夫之勇罢了。项羽待人，恭敬而慈爱，说起话来，柔和温顺；部下生病了，他同情病人的痛苦，甚至为他流泪，把自己的食物分给他们；但是等到部下因有功该封给爵位时，他却迟迟没有动静。这就是妇道人家的习气——不识大体。项羽目前虽然做天下的领袖，诸侯们都臣服于他，可是他不驻守在可控制中原的关中，宁可跑到彭城（今徐州）去。又违背义帝当

韩信登台拜将

韩信，西汉开国功臣，中国历史上著名的军事家、战略家。早年落魄，曾追随项羽，但是不被重视，于是转而投靠刘邦。后得到萧何的赏识，萧何将其荐举给刘邦，说他是独一无二的人才，若要得天下，非得有韩信的帮助。于是刘邦『设坛场，具礼』，任用韩信为大将。韩信为刘邦出谋划策，在楚汉之争中立下了赫赫战功。

时与天下诸侯所做的约定，而把他所亲近的、喜爱的人，都封为王。诸侯们对他这种自私行为十分愤怒。项羽把义帝驱逐到江南一隅。凡是项羽军队所到过的城邑，没有不被蹂躏得残破毁灭的，所以天下人都非常怨恨，老百姓们都不愿归顺拥戴他，只是被他的淫威所强迫罢了！他名义上虽然是天下的领袖，实际上已经失去了天下人的心，所以说，他目前看来很强，但很快就会衰弱下去。您当初由东方进入秦的武关，一点儿也没有损害到秦国的老百姓，废除了秦朝的苛刻刑罚，约法三章。秦国的老百姓，几乎没有一个不希望大王在秦国做王的。现在大王起兵向东，三秦王的属地，只要送一封文告去，就可以收复了！』刘邦重视韩信的分析，『部署诸将所击』，终于称雄天下。

释例三

在周成王、周康王执政的时代，西周的社会还比较安定。可是后来，由于宗室贵族加重了对人民的剥削，再加上战争不断，百姓的不满情绪也逐渐增长。统治者为了加重奴役人民，制定了极其严酷的刑罚。到了周厉王在位的时候，他对人民的压迫更加严重了。

周厉王十分宠信手下的大臣荣夷公，并按照他的建议，实行『专利』，即霸占一切河流、湖泊，不许百姓使用这些天然资源赖以为生；他们还横征暴敛，虐待百姓。当时，住在野外的农民被称为『野人』，而住在都城的平民被称为『国人』。周朝都城镐京的国人对厉王的暴虐措施十分不满，怨声载道。

厉王手下的老臣召公虎听到国人的怨言越来越多，就进宫劝谏厉王说：『现在百姓已经忍受不了朝廷的暴政了，大王如果不尽快改变做法，后果将不堪设想！』厉王听了不以为然，他满不在乎地说：『你不必着急，我自有对付他们的办法。』于是，厉王下了一道禁令，不准国人议论朝政。他还特意从卫国请来一个巫师，派他专门监督议论朝政的人，告诉他说：『你如果发现有人背地里诽谤我，就立即向我报告。』

卫巫为了向厉王讨好，派出一大批人到处探听。那些人还常常敲诈勒索，谁不服从他们，他们就诬陷谁。厉王接到卫巫的汇报之后，不辨真伪，因此有不少无辜的国人被杀。在这种压力之下，国人确实不敢在公开场合谈论国事了。人们走在街上遇到熟人，甚至不敢打招呼，只是交换一个眼色，就匆匆走开了。厉王见报告批评朝政的人越来越少，心里非常满意，认为自己的政策有了成效。召公叹了一口气，对厉王说：『堵住百姓的嘴，不让他们说话，这比堵住江河还要危险啊！当初大禹治水的时候，通过疏通河道，让洪水流到大海中去；治理国家也是同样的道理，必须让百姓说实话。以强硬的方式堵住河流，必然要决口；以强硬的政令堵住百姓的嘴，就要闯下大祸了！』可厉王根本听不进去。于是周朝的朝政更加腐败，国势也更加衰落。

到了前841年，忍无可忍的国人聚众起义，围住了王宫，想要杀掉厉王，历史上把这件事称为『国人暴动』。厉王无奈出逃，愤怒的国人冲进了王宫，没有找到厉王。有人得知太子靖逃到召公虎的家中躲了起来，于是又围住召公虎的住所，要他交出太子。召公虎没有办法，只好将自己的儿子冒充太子交了出去，国人杀了召公虎的儿子，这才把太子保护了下来。厉王出逃以后，朝中没有国君，群龙无首。大臣们经过商议，决定让德高望重的召公虎和另一位大臣周公暂时代替天子行使职权，史称『共和行政』。『共和』一词也由此而来。这一年被称为『共和元年』，即前841年，从这一年起，中国的历史开始有了确切纪年。

『共和行政』一直维持了十四年，后来周厉王死在外面。大臣们立太子静即位，就是周宣王。宣王即位后，在政治上较为开明，得到诸侯们的支持。经过了这一场国人暴动，周朝的政治又重新恢复了民主。

釋例四（一）齐景公时，晋国进攻齐国的阿邑、鄄邑；同时，燕军侵略齐国的河上之地。齐国军队大败。景公对此忧心不已。晏子于是向他推荐田穰苴，说：『穰苴虽然是田氏庶子，但是他这个人文武兼备，文能亲服左右部下，武能威慑敌人，希望君王试试

穰苴斩监

穰苴，春秋时期齐国人，是齐景公时掌管军事的大司马，所以后人也称他为司马穰苴。是我国早期的著名军事家、军事理论家。穰苴整军之后，齐军面貌立刻改观，纪律严明、军容整肃、令行禁止、悉听约束。

他。』齐景公召见穰苴跟他谈论军事，对他大加赞赏，就任命他做将军，领兵抵抗燕国和晋国的军队。穰苴对景公说：『我一向地位低下，君王把我从平民提拔起来，位在大夫之上，可能士兵对我不信服，百姓对我缺乏信任。由于我资历浅而权威不足，希望得到君王的宠臣、国人所尊重的大臣来担任监军，这样更加可行。』于是景公派庄贾前往。穰苴跟庄贾约定说：『明天中午在营门会合。』

第二天，穰苴先赶到军中，等待庄贾。烈日当空而庄贾还未到达，穰苴进入营中，检阅军队，指挥士兵，宣布纪律条令。军纪宣布完毕，已是黄昏时分，这时庄贾才翩然出现。穰苴问道：『你为什么迟到？』庄贾说：『有劳大夫和亲戚们送行，所以耽搁了。』穰苴说：『如今敌国深入侵略，国内很不安定，士兵们在边境上风餐露宿，百姓的性命都在您手上，还有什么相送呢？』召军正来问道：『按照军法，约定时间而迟到的，怎么说？』军正回答说：『应当斩首。』庄贾害怕了，派人向景公求救。那人去了，还没来得及回来，这时穰苴就斩了庄贾，以此号令三军。三军将士全都震惊万分。景公派使者带着符节前来赦免庄贾，穰苴说：『将在外，君命有所不受。』穰苴执法如山，不畏权贵，最终得以克敌制胜。

（二）199年，曹操在与袁绍进行官渡之战的决战前，精辟地分析了双方的形势。曹操认为，自己虽不及袁绍兵多地广，但军队号令严明，因此有望以少胜多。为了夺取胜利，曹操进一步整肃军纪，他命令全军将士，在行军训练的时候不许践踏庄稼，不许打骂百姓，不许调戏民女，不许违反民利，违令者斩首。从此以后，曹操的部队在行军训练时十分谨慎，遇到麦田，骑兵纷纷下马，百姓见此情景，交口称赞。

有一次，曹操出巡，没想到，他胯下的战马在途中受惊，跑进麦田，践踏了一片麦苗。曹操带住马后连忙跳下来，跪地认罪，请求执掌军法的主簿按军令将他斩首。主簿觉得曹操的马是因为受惊而踩坏了麦苗，并不是他故意所为，不应当斩首，于是对曹操说：『按照《春秋》大义，法不加尊。您是全军的统帅，虽然违犯军令，但不能斩首。』曹操听罢气愤地说：『我身为统帅，法令是由我自己制定的，自己违法而不受罚，又怎么能统驭部众？』

主簿又解释道：『统帅违令，不同于常人，可以免刑。』曹操见主簿不肯以军法从事，便拔出佩剑，准备当众自刎。众将官惊慌不已，连忙夺下曹操手中的佩剑。然后纷纷跪下央求：『曹公，您身为全军统帅，壮志未酬，怎能了结性命？如果你被斩首，全军将士由谁来统帅？当今天下又由谁来统一？』

曹操听了部下劝慰，长叹一口气，恳切地说：『我虽然不能斩首，但一定要受刑。』说罢，又夺回佩剑，抓住自己的头发，割下了一大把，扔在地上，以代斩首。

全军将士十分钦佩曹操严于律己的精神，于是更加自觉地遵守纪律。不久，曹操率领这支训练有素、军纪严明的二万精兵，一举击败袁绍的十万大军，取得了官渡之战的最后胜利。

（三）228年，诸葛亮出兵祁山，以马谡督领各军在前，同张郃在街亭交战。马谡违反诸葛亮的调度，放弃水源，上山驻军，不下山据守城邑。张郃断绝马谡取水的道路，大败马谡，蜀军溃散。诸葛亮被迫退回到汉中，后来依军法把马谡处死。诸葛亮亲自奔丧，痛哭流涕，抚慰他的家属，和他在世时一样情深义重。蒋琬对诸葛亮说：『古时候晋国同楚国交战，楚国杀了领兵的得力大臣，晋文公自然高兴了。现在天下没有安定，而杀了智谋之士，难道不惋惜吗？』诸葛亮流着眼泪说：『孙武所以能够制胜于天下，是用法严明。现在天下分裂，交战刚刚开始，如果又废除军法，哪能讨伐敌人呢？』

（四）1053年，宋朝名将狄青奉令远征侬智高。狄青向各将士下令：不得轻易与敌人交战。当时，陈曙恐怕狄青独得战功，乘狄未到之前，抢先发兵进击，行到昆仑关，被敌人打败。袁用等将领狼狈逃回。狄青到了宾州，得知陈曙军队溃败情况，勃然大

孔明挥泪斩马谡

马谡是马良的弟弟，素有才名，很受诸葛亮的赏识。刘备死前曾告诫诸葛亮，说马谡言过其实，不可大用，但是诸葛亮并未听取。出征之时，诸葛亮任用马谡为大将，结果马谡轻敌冒进，导致街亭失守，诸葛亮退驻汉中。因为马谡的缘故，给蜀国造成极大的损失，诸葛亮心痛不已，不得不下令将马谡斩首，给全军作表率。

怒，说：『号令不齐，怎得不败？应该严申军律。』次日黎明，诸将都到齐了，依次在堂上列坐。狄青起身先向陈曙行军礼，陈曙也起立还礼。然后狄青召袁用等三十二人，严厉叱责陈曙违犯号令，吃了败仗，按军法当斩首；袁用等遇敌即逃，罪也当斩。遂令卫士一一捆绑，推出辕门，都枭首示众。余将恐惧得腿都发颤。从此整顿队伍，明确约束，昼夜戒备，壁垒一新。

（五）前781年，周宣王去世之后，他的儿子继承王位，就是历史上有名的昏君周幽王。周幽王是个酒色之徒，昏庸无道。当朝大夫越叔带屡次劝他多理朝政，结果周幽王恼羞成怒，革去了他的官职。这件事引起了大臣褒响的不满，褒响就来劝谏周幽王，但被周幽王盛怒之下关进了监狱。褒响被关押了三年，他的儿子将美女褒姒送给周幽王，周幽王这才释放了褒响。

周幽王见到褒姒，高兴得不得了。可褒姒却总是皱着

褒姒

褒姒为西周幽王的宠妃，据说她是龙沫流于王庭，变玄鼋使女童怀孕所生之女，后被弃于路边，被一对夫妇收养于褒，姓姒，故称为褒姒。

眉头，从来没有笑过一回。周幽王想尽办法引她发笑，可她却怎么也笑不出来。虢石父给周幽王出主意说：『以前为了防备西戎军进犯京城，在翻山一带建造了不少烽火台。一旦敌人打进来，我们就一连串地燃放烽火，让邻近的诸侯看见，好出兵救援。如今天下太平，烽火台早就废弃不用了。大王不如把烽火点着，让诸侯们上个当。娘娘看到诸侯的兵马被耍得团团转，一定会笑的。您看我这个办法好不好？』

周幽王听罢，拍手叫好，于是马上照做。他领着褒姒登上了烽火台，命人点燃烽火，顿时半夜里火光漫天。邻近的诸侯远远地看见了烽火，马上带着兵马赶到京城。他们听说周幽王在细山，又连忙赶到了细山。没想到，到了细山，他们一个敌人也没看见，而且也不像是打仗的样子，只听见烽火台上鼓乐之声不绝于耳。诸侯们你看我，我看你，谁也不知道是怎么回事。

周幽王派人去对他们说：『各位辛苦了，这里没有敌人，你们都回去吧！』诸侯们这才知道上了周幽王的当，非常愤怒，于是各自带兵回去了。褒姒看见这么多兵马忙来忙去，于是大笑不止。周幽王十分高兴，重赏了虢石父。

过了没多久，西戎兵真的攻打到京城来了。周幽王赶紧命人把烽火点了起来。诸侯们上次上了当，这回又当是周幽王在开玩笑，所以都没有理会。烽火虽然点着了，却没有一个人前来救援。驻守京城的兵马本来就很少，又由于周幽王怠于政务，所以军队战斗力极为低下，根本抵挡不住西戎兵的进攻。周幽王和虢石父在乱战之中都被西戎杀了，褒姒也被掳走。就这样，周幽王不仅丢掉了江山、美人，也断送了性命。

釋例五（一）安史之乱期间，唐朝名将李光弼与叛将史思明大战。唐军中一副将执利矛刺杀敌人，矛刺穿马腹，还刺中数人；军士中也还有迎战敌人，不战而退的。李光弼对以矛刺敌者赏绢五百匹，不战而退者处以斩刑。

（二）954年3月，高平战役开始，后周和北汉军队都已列好阵势，北汉骑兵上来挑战。樊爱能见势就退兵，何徽带着步兵列阵在骑兵后面，被奔腾而来的骑兵一冲击，顿时溃不成军。樊、何二将向南而逃。后周世宗派近臣前去阻止，没有人肯听从命令，都扬言说：『官军吃了大败仗，残余的将士已无心作战了。』到了傍晚，由于后周军队取得了胜利，樊爱能、何徽及将士逐渐返回。

周世宗到达潞州后，逮捕了临阵脱逃的人，把其中军使以上将领和监军一起斩首。从此，哪怕是桀骜不驯的将领或者纪律松弛的士兵，人人有所戒惧。世宗考虑到何徽曾有防守平阳的功劳，想赦免他的罪，结果没有这样做，还是将他与樊爱能一起杀了，尸体都用专门的车辆运送回去安葬。

（三）219年，吕蒙到江陵，将被囚的于禁释放，俘获关羽和将士们的家属，给以抚慰，对全军下令：『不得骚扰百姓和向百姓索求财物。』吕蒙帐下有一亲兵，与吕蒙是同乡，从百姓家中拿了一个斗笠遮盖官府的铠甲。铠甲虽然属于公物，但吕蒙认为他违反了军令，不能因是同乡的缘故就破坏军法，便流着眼泪把这个亲兵处死了。全军都因此震惊、恐惧，南郡从此道不拾遗。

原文

将听吾计①，用之必胜②，留之；将不听吾计，用之必败，去③之。 曹操曰：不能定计，则退而去也。○杜牧曰：若彼自备护，不从我计，形势均等，无以相加，用战必败，引而去之，故《春秋传》曰，允当则归也。○孟氏曰：将，稗将也。听吾计画而胜，则留之；违吾计画而败，则除去之。○梅尧臣曰：武以十三篇干吴王阖闾，故首篇以此辞动之。谓王将听我计而用战必胜，我当留此也；王将不听我计而用战必败，我当去此也。○王晳曰：将，行也；用，谓用兵耳。言行听晋此计，用兵则必胜，我当留；行不听吾此计，用兵则必败，我当去也。

计利以听④，乃为之势⑤，以佐其外⑥。 曹操曰：常法之外也。○李筌曰：计利既定，乃乘形势之势也。佐其外者，常法之外也。○杜牧曰：计算利害，是军事根本。利害已见听用，然后于常法之外，更求兵势，以助佐其事也。○梅尧臣曰：定计于内，为势于外，以助成胜。**势者，因利而制权⑦也。** 曹操曰：制由权也，权因事制也。○李筌曰：谋因事势，○杜牧曰：自此便言常法之外、势。夫势者，不可先见，或因敌之害见我之利，或因敌之利见我之害，然后始可制机权而取胜也。○梅尧臣曰：因利行权以制之。○王晳曰：势者，乘其变者也。○张预曰：所谓势者，须因事之利，制为权谋，以胜敌耳，故不能先言也。自此而后，略言权变。

注釋

①将听吾计：此句意谓如果能听从、采纳我的计谋。将，作助动词，表示假设，如果。②用之必胜：之，语助词，无义。用，实行，即用兵。③去：离开。④计利以听：计利，计谋有利。听，听从、采纳。⑤乃为之势：此句意谓造成一种积极的军事态势。乃，于是、就的意思。为，创造、造就。之，虚词。势，态势。⑥以佐其外：用来辅佐他对外的军事活动。⑦因利而制权：意谓根据利害关关系采取灵活的对策。因，根据、凭依。制，制定、采取。权，权变，灵活处置。

譯文

如果君主听从、采纳我的计谋，运用它指导战争，就一定能取得胜利，我就留下来；如果他不听

戚继光治军有道

戚继光，明朝抗倭名将、军事家。在沿海地区组织抗击来犯倭寇，终于扫平倭寇之患。那时浙江等沿海地区深受倭寇侵扰，而军队素质不高，不能防御。于是戚继光招募农民和矿徒，组成新军。严明纪律，赏罚必信，并配以精良战船和兵械，精心训练。他还针对南方多湖泽的地形和倭寇作战的特点，审情度势，因敌因地变换队形，灵活作战。每战多捷，世人誉为『戚家军』。

明训忠佞

周世宗（921—959），后周皇帝，名柴荣。邢州龙冈（今河北邢台）人。后周太祖郭威的内侄和养子。善骑射，略通书史与黄老学说。显德元年（954）继郭威为帝，对军事、政治、经济继续进行整顿。图中选取周世宗训导百官、整肃纲纪的场景。

从我的计谋，贸然用兵便必然招致失败，那么，我就应该辞别离去。

如果经过对利害的权衡，君主采纳了我的计谋策略，就要设法造成有利的态势，用它辅助军事行动外部条件的形成。所谓有利的态势，就是根据对我有利的情况而采取灵活机动的措施和行动。

释例六 （一）22年，冯异回到父城，对父城县县长苗萌说：『如今各路将领都是勇士，突然兴起，大多凶狠残暴，惟独刘秀将军所到之处不掳人掠货。我观察他的言行，他不是一个平庸之辈，我们可以依附于他。』苗萌回答说：『我和你生死在一块，我听从你的主意。』这是冯异比较两方之将领所做出的决定。

（二）223年，魏文帝问贾诩：『我准备征讨不服从命令的人，以统一天下，吴、蜀两国，应先讨伐哪一个？』贾诩说：『进攻他国，应先在军事上权衡；完成统一的根本大计，则当崇尚道德教化。陛下应顺应形势，接受汉朝禅让，统治全国。如果推广文教、道德以安抚人心，静观形势变化，平定天下就不难。吴、蜀虽然都是小国，但是地势险要，有长江天险。刘备有雄才大略，诸葛亮善于治国，孙权长于辨别虚实，陆逊精通军事；蜀汉固守险要，东吴陈舟江湖，我们很难在短期内将他们击败。用兵的原则是，先了解夺取胜利的途径，然后再作战；根据敌人的力量任命将领，这样才能做到攻战无误。据我分析，我们的文臣武将没有人是刘备、孙权的对手，即使陛下亲自对付他们，也未必一定有取胜的把握。从前虞舜在朝廷上作战争的舞蹈，苗部落就臣服了。我认为陛下目前应首先对他们加以抚慰，然后再用武力征讨。』文帝不听，出动大军，结果无功而返。

釋例七 279年，西北巨寇树机能攻陷凉州，晋武帝派讨虏将军兼武威太守马隆去征讨。马隆设局募兵，规定：须引弓四钧，挽弩九石，方得入选。马隆亲自检试，得三千五百人，称为已足，又自至武库选刀、剑、戈等武器。武库长只给粗械，与隆发生争执。马隆复入奏武帝，陈明武库长阻难情形。武帝因传谕武库长，任隆自择。马隆始得往取精械，分给勇士。马隆率部向西进发，行过温水。树机能拥众数万，据险固守。隆见山路崎岖，不易轻进，就令部下，载兵徐进，且战且前，令勇士挽弓四射，发无不中，胡兵多应弦倒地。马隆冒险进兵，如同平地，转战千里，未尝受挫，反杀伤胡虏数千人，得直抵武威镇所。树机能被隆乘胜奋斫，枭首凉州，秦凉各境，一律肃清。

原文 **兵①者，诡道也②。** 曹操曰：兵无常形，以诡诈为道。〇李筌曰：军不厌诈。〇梅尧臣

贾诩

贾诩字文和，是三国时魏国的大臣。善用计谋，先在李傕、郭汜帐中任谋士，后又成为张绣的谋士。张绣曾在宛城用他的计策打败了曹操，张绣兵败后他便归降曹操。屡次为曹操献上妙计，曹操在官渡战袁绍，在潼关破西凉马超、韩遂，都是他的功劳。曹丕称帝后，封他为太尉、魏寿亭侯。

曰：非谲不可以行权，非权不可以制敌。○王皙曰：诡者，所以求胜敌；御众必以信也。**故能而示之不能**③，张预曰：实强而示之弱，实勇而示之怯，李牧败匈奴、孙膑斩庞涓之类也。**用而示之不用**④，杜牧曰：此乃诡诈藏形。夫形也者，不可使见于敌；敌人见形，必有应。《传》曰：『鸷鸟将击，必藏其形。』如匈奴示羸老于汉使之义也。○杜佑曰：言已实能、用，外示之以不能、不用，使敌不我备也。若孙膑减灶而制庞涓。○张预曰：欲战而示之退，欲速而示之缓，班超击莎车、赵奢破秦军之类也。○何氏曰：能而示之不能者，如单于羸师诱高祖，围于平城是也。**近而示之远，远而示之近**⑤，曹操曰：欲进而治去道，若韩信之袭安邑，陈舟临晋而渡于夏阳也。○李筌曰：令敌失备也。汉将韩信虏魏王豹，初陈舟欲渡临晋，乃潜师浮木罂，从夏阳袭安邑而魏失备也。耿弇之征张步，亦先攻临淄，皆示远势也。○贾林曰：去就在我，敌何由知。○杜佑曰：欲近而设其远也，欲远而设其近也。诳耀敌军，示之以远，本从其近，若韩信之袭安邑。梅尧臣曰：使其不能测（颐）。**利而诱之**⑥，杜牧曰：赵将李牧，大纵畜牧人众满野，匈奴小入（人），佯北不胜，以数千人委之。单于闻之，大喜，率众大至。牧多为奇阵，左右夹击，大破杀匈奴十余万骑也。○贾林曰：以利动之，动而有形，我所以因形制胜也。○梅尧臣曰：彼贪利，则以货诱之。○何氏曰：利而诱之者，如赤眉委辎重而饵邓禹是也。

乱而取之⑦，贾林曰：我令好智乱之，候乱而取之也。○梅尧臣曰：彼乱，则乘而取之。○王皙曰：乱，谓无节制；取，言易也。**实而备之**⑧，曹操曰：敌治实，须备之也。○陈皞曰：敌若不动完实，我当谨备，亦自实以备敌也。**强而避之**⑨，曹操曰：避其所长也。○贾林曰：以弱制强，理须待变。○杜佑曰：彼府库充实，士卒锐盛，则当退避以伺其虚懈，观变而应之。○梅尧臣曰：彼强，则我当避其锐。○王皙曰：敌兵精锐，我势寡弱，则须退避。**怒而挠之**⑩曹操曰：待其衰懈也。○杜牧曰：大将刚戾者，可激之令怒，则逞志快意，志气挠乱，不顾本谋也。**卑而骄之**⑪，杜佑曰：彼其举国兴师，怒而欲进，则当外示屈挠，以高其志，俟情归，要而击之。故王子曰：『善用法者，如狸之与鼠，力之与智，示之犹卑，静而下之。』○梅尧臣曰：示以卑弱，以骄其心。○王皙曰：示卑弱以骄之；彼不虞我，而击其间。**佚而劳之**⑫，一本作引而劳之。曹操曰：以利劳之。○梅尧臣曰：以我之扶，待彼之劳。○王皙曰：多奇兵也。彼出则归，彼归则出，救左则右，救右则左，所以罢劳之也。○何氏曰：孙子有治力之法，以佚而待劳；故论敌佚，我宜多方以劳弊之，然后可以制胜。○张预曰：我则力全，彼则道敝。若晋楚争郑，久而不决；晋知武子乃分四军为三部，晋各一动，而楚三来，于是三驾而楚不能与之争。**亲而离之**⑬。曹操曰：以间离之。○杜佑曰：以利诱之，使五间并入，辩士驰说，亲彼君臣，分离其形势。若秦遣反间，欺诳赵君，使废廉颇，而任赵奢之子，卒有长平之败。**攻**

其无备，出其不意。曹操曰：击其懈怠，出其空虚。〇李筌曰：击懈怠，袭空虚。〇杜牧曰：击其空虚，袭其懈怠。〇孟氏曰：击其空虚，袭其懈怠，使敌不知所以备也。故曰：兵者无形为妙。大公曰：『动莫神于不意，谋莫善于不识。』〇梅尧臣、王皙二注同上。**此兵家之胜⑭，不可先传也⑮。**曹操曰：传，犹泄也。兵无常势，水无常形，临敌变化，不可先传也。故料敌在心，察机在目也。〇李筌曰：无备不意，攻之必胜，此兵之要，秘而不传也。〇杜牧曰：传，言也。此言上之所陈，悉用兵取胜之策，固非一定之制；见敌之形，始可施为，不可先事而言也。〇梅尧臣曰：临敌应变制宜，岂可预前言之。〇王皙曰：夫校计行兵，是谓常法；若乘机决胜，则不可预传述也。〇张预曰：言上所陈之事，乃兵家之胜策，须临敌制宜，不可以预先传言也。

注释 ①兵：用兵打仗。②诡道也：诡诈之术。诡，欺诈、诡诈。③能而示之不能：即言能战但装作不能战的样子。此句至『亲而离之』的十二条作战原则，即著名的『诡道十二法』。能，有能力、能够。示，显示。④用而示之不用：实际要打，却装作不要打。用，用兵。⑤近而示之远，远而示之近：实际要进攻近处，却装作要进攻远处；实际要进攻远处，却装作要进攻近处，致使敌人无法防备。⑥利而诱之：意谓敌人贪利，则以利来引诱，伺机打击之。利，此处作动词用，贪利的意思。诱，引诱。⑦乱而取之：意谓对处于混乱状态的敌人，要抓住时机进攻他。乱，混乱。⑧实而备之：指对待实力雄厚之敌，需严加防备。实，实力雄厚。⑨强而避之：面对强大的敌人，当避其锋芒，不可硬拼。⑩怒而挠之：此句言敌人易怒，就设法激怒他，使他丧失理智，临阵

杜牧

杜牧，晚唐杰出的诗人，号樊川居士。擅长文赋，注重军事，写下了不少军事论文，曾注《孙子》。

指挥做出错误的抉择，导致失败。怒，易怒而脾气暴躁。挠，挑逗、扰乱。⑪卑而骄之：此句言敌人卑怯谨慎，应设法使其骄傲自大，然后伺机破之。卑，小、怯。⑫佚而劳之：此句言敌方安逸，就设法使他疲劳。佚，同『逸』，安逸、自在。劳，作动词，使之疲劳。⑬亲而离之：此句意谓如果敌人内部团结，则设计离间、分化他们。亲，亲近；离，离间、分化。⑭兵家之胜：此句言上述『诡道十二法』乃军事家指挥若定的奥妙之所在。兵家，军事家。胜，奥妙。⑮不可先传也：此句意谓在战争中应根据具体情况做出决断，不能事先呆板地做出规定。先，预先、事先。传，传授，规定。

譯文

用兵打仗本是一种诡诈之术，需要运用种种方法欺骗敌人。所以，明明能征善战，却向敌人装作软弱无能的样子；本来准备用兵，却伪装成不准备打仗的假象；要攻打近处的目标，却给敌人造成准备攻击远处的假象；要攻打远处的目标，相反却要装作准

李筌

李筌号达观子，是位隐士，道教思想理论家、政治军事理论家。他的军事基本理论点是：人的主观努力是决定战争胜负成败的主要因素。

备要在近处攻击。敌人贪心就用小利来引诱他上当；敌人混乱就乘机攻取他；敌人实力雄厚就要谨慎防备他；敌人强大就暂时避开其锋芒；敌人容易激动发怒，要设法挑逗他，使其失去理智；对于小心谨慎的敌人，要千方百计让他骄纵，丧失警惕；敌人安逸就设法骚扰他，搞得他疲惫不堪；对内部团结的敌人，要设法离间他，让他分裂。在敌人没有准备时突然发起进攻；在敌人预想不到的情况下采取行动。凡此种种，是军事家用兵取胜的奥妙所在，这只能随机应变灵活运用，是无法事先规定刻板传授的。

釋例八 前200年，韩王信造反，汉高祖亲自带兵去攻打他。到了晋阳（今太原）听说韩王信私通匈奴，便派使者到匈奴去探个虚实。匈奴把壮士和肥大的马匹都藏了起来，只见一些老弱兵士和牲畜。使者回来后，都说可攻匈奴，惟独刘敬回来报告说：『两国互相攻击的时候，应该矜夸炫耀，尽量表现自己的长处让人看。这次我到匈奴去，只看见些羸瘦的牲畜和老弱的士兵，这必是故意显露他们的短处，而埋伏着奇兵来争利。我认为匈奴是不可进攻的。』

汉高祖大怒，骂刘敬并用刑具把他囚禁在广武。汉高祖率军前往，到了平城，匈奴果然出兵攻打汉军，汉高祖被围困在白登山。

释例九 东汉初年，班超出使西域，目的是联合西域各国共同对抗匈奴。为了使西域各国便于共同与匈奴对抗，必须先打开南北通道。当时，位于大漠西缘的莎车国，经常煽动周边小国归附匈奴、反对汉朝。班超于是决定首先平定莎车国。莎车国王向龟兹国求助，龟兹王亲自率领五万大军，援救莎车。班超联合于阗诸国，但兵力不过二万五千人。由于敌众我寡，实难力克，只能智取。班超于是定下声东击西的计策，以迷惑敌人。他先是派人在军中散布对班超不满的言论，制造打不赢龟兹，将要撤退的假象，还故意让莎车俘虏听得一清二楚。

一天傍晚，班超召集部将和于阗王商议说：『我们兵少，不能进攻，应当各自散去。于阗从此地东去，我们也从此西归，今夜就出发。』随后，班超便下达命令，让于阗大军向东撤退。自己则率部众向西撤退。队伍表面上显得十分慌乱，故意给俘虏制造脱逃的机会。俘虏回到莎车营中，连忙报告汉军撤退的消息。龟兹王得此消息心中大喜，以为班超是因为害怕自己而慌忙逃窜，就想趁此机会，追击班超。他当即下令兵分两路，分头追击逃敌。他亲自率领精兵一万向西追杀班超。班超趁夜色笼罩大漠，撤退

班超投笔封侯

班超（32—102），字仲升，扶风平陵（今陕西咸阳东北）人，东汉著名的军事家和外交家。因家境贫寒，班超早年只能替官府抄写文书来维持生计。后来班超决定弃笔从戎，开始了他的军旅生涯。班超先后两次出使西域地区，招抚西域各部落，为朝廷立下大功，被封为定远侯。

仅十几里，便命令部队就地隐蔽。龟兹王由于求胜心切，率兵从班超隐蔽之处飞驰而过，班超马上集合部队，与事先约定的于阗军迅速回师攻打莎车。莎车没有防范，遇到班超的部队之后迅速瓦解。莎车王无路可走，只得请降。龟兹王追赶一夜，也没看见班超部队的踪影，后来又听说莎车已被平定，知道大势已去，便收拾残部返回龟兹。

释例十（一）530年，北魏遣尔朱天光与贺拔岳率兵进攻万俟丑奴。丑奴退保安定，贺与天光会师岐州，扬言夏令将至，天气渐热，不便行师，应等到秋凉再进。丑奴听到后，信以为真，散众归耕，据险立栅。贺拔岳知敌军势分，遂与尔朱天光乘夜发兵，攻入大栅，长驱直进，直达安定。丑奴弃城出走，贺拔岳等赶至平凉，围住丑奴，活捉了他。其他大栅也都归降。

（二）前205年8月，刘邦让韩信带兵去攻打魏。魏王把重兵都布守在蒲坂一带，堵绝了临晋关的通路，韩

勾践

吴王夫差攻破越都，勾践被迫屈膝投降，臣事吴王，后被赦归返国。勾践日日卧薪尝胆，重用范蠡、文种等贤人，经过『十年生聚而十年教训』，使越之国力渐渐恢复起来。最终灭吴。

信就故意布置很多疑兵，陈列船只在临晋关黄河的对岸，故作要渡河的样子；而另外派了精兵，暗中从夏阳附近，不用船而用木制的形似瓮罐的渡河器材，捆绑成木粽子，偷偷地渡过河去，攻打魏的首都安邑。魏王豹没想到这一招，大为吃惊，就带了兵来抵抗，在毫无准备的情况之下，不是对手，就被韩信俘虏了。魏遂被平定。

（三）589年春天，隋将贺若弼从广陵领兵渡过长江。他事先请准沿江驻守的部队每当交替之时，都到广陵集中，这时大张旗帜，遍地都是营地。陈人以为隋军大量涌到，急忙调发军队戒备，不久知道只是驻守部队交替，调发的军队又都散回；后来陈人习以为常，不再有所防备。贺若弼还不时地派兵沿江打猎，人马喧噪。所以当贺若弼渡江时，陈人没有发觉。

释例十一　战国时期赵国北部边防的大将李牧，常年驻在代郡、雁门郡一带，防备匈奴的入侵。他订立了一个规章：发现匈奴兵来袭，要立刻退回营区自保；如果擅自离营捕掳敌人，要处以斩刑。匈奴人知道这一规章后，认为李牧怯懦。在边防的士卒日日受犒赏而不用打仗，都希望有一战之机。约在前233年，有一天，李牧放出大批百姓四出放牧，田野里满是百姓。匈奴以小股兵马入侵，李牧假装战力不备而败退，任匈奴抓去了几千人。于是匈奴单于倾巢来犯。李牧设下了许多灵活多变的战阵，用包抄的奇兵，一举杀掉了十几万匈奴骑兵，单于仅以身免，败逃而去。

釋例十二 （一）前519年，吴人攻打州来，楚国的薳越率领楚国和诸侯的军队奉命救援州来。吴国的公子光说：『胡国、沈国、陈国、顿国、许国、蔡国和楚国七国同伙而不同心，楚国是可以打败的。如果分兵先攻胡国、沈国和陈国的军队，他们必然首先溃退。三国败退，诸侯的军队就军心动摇了。诸侯混乱，楚军必然拼命奔逃。请让先头部队放松戒备减少军威，后续部队巩固军阵整顿师旅，以引诱敌人。』吴王听从了。七月，在鸡父作战。吴王用三千名囚徒专攻胡、沈和陈。三国军队争着俘虏吴军。吴国的囚徒有的奔逃，有的束手就擒，三国的军队乱了阵脚。吴军进攻，三国的军队败退。吴军俘虏了胡、沈两国的国君和陈国的大夫。吴军释放胡、沈的俘虏让他们逃到许国、蔡国和顿国的军队里，说：『我们的国君死了！』军心大乱。吴军便擂鼓呐喊跟上去。三国的军队奔逃，楚军也拼命奔逃。

（二）383年11月，东晋猛将刘牢之率领精兵五千，进攻洛涧。刘牢之分兵迂回到秦军侧后，截断敌人后路，亲自率兵强渡洛涧，夜袭梁成中军大营。秦军抵挡不住，主将梁

李渊

唐高祖李渊为唐朝开国皇帝。他是一位出色的守成之军有他，就没有后来的贞观之治。

成战死，五万秦兵大败，一万五千余名秦兵被歼。秦军沿淝水西岸布阵，阻止晋军反攻。晋前锋都督谢玄派人对苻融说：『将军这是持久作战的办法，不是速战速决的打算。如果你把秦军稍向后撤，让出一块地方，使晋军渡过淝水，两军决一胜负，不是很好吗？』

秦王苻坚说：『可以稍退一步，等到晋军兵马半渡之际，再用骑兵夹击，一定可以取胜。』于是苻融答应了谢玄的要求，指挥秦军后撤。秦军内部本来就不稳，这一撤，阵势大乱，不可遏止。晋军乘势抢渡淝水。

原晋军将领朱序在阵后大喊：『秦军败了，秦军败了！』

军后方部队一听，争着逃命。苻融见势不妙，急忙驰马到后面整顿部队，结果被晋追兵杀死。晋军乘胜猛追，秦军人马相踏，昼夜不停地逃跑，听到风声鹤唳，也以为是东晋追兵。就这样，几十万秦军，逃散和被歼者十之七八，苻坚也中箭负伤，逃回洛阳。

释例十三 621年，唐高祖李渊派李孝恭和李靖攻打萧铣。萧铣令其大将文士弘率兵数万进驻清江拒战。李孝恭想与之交锋，李靖说：『不可。文士弘健将，士卒骁勇，今失荆门，悉锐拒我，是救败之师，此锋殆不可当。不如泊舟南岸，待他锐气已衰，然后出去奋击，必获全胜。』李孝恭不听，留李靖守营，自率兵出战，果然大败，被迫退保南岸。

释例十四 五代时期，契丹首领耶律阿保机率三十万大军包围了晋国的北方军事重镇幽州（今北京市西南）。晋王李存勖派大将李嗣源统率七万人马增援幽州，解幽州之围。

李嗣源与诸将商议进军之计，说：『敌人多是骑兵，人数众多，又已先处战地，外出游骑没有辎重之忧，而我军多是步兵，人数又少，还必须有粮草随军而行。如果在平原上与敌人相遇，敌军只需把我军粮草截走，我军就会不战自溃，更不用说用骑兵来冲击我们了！』

针对这种不利情况，李嗣源从易州出发，不是走东

李靖

李靖是初唐杰出的军事家、将领、军事理论家、民族英雄。其用兵谋略为时人称颂。

越国破吴

吴越、吴楚之间的战争前后持续几十年，吴国虽然一时风光无限，吴王阖闾（即公子光）、夫差都叱咤南方，但是后来越国勾践卧薪尝胆，励精图治，带领越国精兵大破吴国。

北直奔幽州，而是先向正北，越过大房岭（今河北房山县西北），然后沿着山涧向东走。

李嗣源率大军餐风饮露，日夜兼程，一直行进到距幽州只剩下六十里远的地方，突然与一支契丹骑兵遭遇，契丹人才发现晋军派来了救兵。契丹兵大吃一惊，慌忙向后撤退，李嗣源与养子李从珂率领三千骑兵紧随契丹人的身后，晋军大部队则紧紧跟随在李嗣源的骑兵后面。不同的是，契丹骑兵行走在山上，晋军行走在山涧中。

行至山口，契丹万余骑兵挡住了去路。李嗣源知道成败在此一举，摘掉头盔，用契丹语向敌人喊道：『你们无故侵犯我国，晋王命我率百万之众，直捣两楼（契丹首府），将你们全部消灭！』说完，一马当先，冲入敌阵，斩杀契丹酋长一名。众将士见主帅身先士卒，群情激奋，斗志倍增，纷纷杀入敌阵。契丹骑兵被迫向后退却，晋军的大部队乘机走出山口。

出山之后即是一马平川的大平原。由于失去山地的保护，极易遭受骑兵攻击，李嗣源命令步兵砍伐树枝作为鹿砦，人手一枝，每当部队停下来或遭到契丹骑兵攻击时，即用树枝筑成寨子，契丹骑兵只能环寨而行，而晋军乘机放箭，契丹人马死伤惨重。逼近幽州时，晋军拖后的步兵拖着草把、树枝行进，一时间，烟尘滚滚，契丹兵不知虚实，以为晋军援兵甚多，未战先怯。等到决战来临，李嗣源率骑兵在前、步兵随后，有组织地掩杀过来。契丹兵斗志皆无，丢弃了大量的车帐、牲畜，狼狈逃去。

至此，幽州重镇得以保全。

釋例十五　康熙杀辅政大臣鳌拜曾经轰动一时，双方势力悬殊，少年天子康熙却能一击成功，主要就是故意示弱，『能而示之不能』，从而使鳌拜放松警惕。

鳌拜是当时名震天下的功臣，掌握大权。顺治去世时遗诏命大臣索尼、苏克萨哈、遏必隆、鳌拜为辅政大臣。

四位辅政大臣中，索尼已经年老，虽列首位，但不能制约他人；遏必隆怯弱，追随依附鳌拜；苏克萨哈资望浅，虽有心与鳌拜争权，但难以限制鳌拜。于是鳌拜专横跋扈，上欺幼帝康熙，下压朝中文武大臣，军国大事由他独断专行，广植私党，残害异己。康熙此时刚8岁，但是对朝中大事了如指掌，他知道，鳌拜遍植党羽，控制了朝中大权，如果自己表现出很高的理政能力，就可能有生命危险。除掉鳌拜的确不易，只有故作软弱，麻痹鳌拜，使他放松警惕，而自己暗中积蓄力量，等待时机，

伍员剑赠渔父

伍员，即历史上有名的伍子胥，本为楚国人。因父亲伍奢劝谏楚平王，招致灭门之灾，父亲、兄长都被杀害。伍员一夜愁白了头，得以过了韶关。但到渡口，追兵便跟来了。有渔父载伍员过江，伍员为报答渔父的救命之恩，解下腰上的佩剑送给渔父。后来伍员投奔吴国，助吴王阖闾攻打楚国。

铲除鳌拜。

康熙六年，康熙亲政。他对鳌拜父子采取欲擒故纵的计策。他曾给鳌拜父子分别加过『一等公』、『二等公』的封号，以后又分别加了『太师』、『少师』的封号，使鳌拜父子到了位极人臣的地步。在很多事上，康熙还特意显示自己无能。

第一件事是『圈地事件』。

清王朝在入关前，实行圈地制度。圈地虽下令圈无主荒田，但实际上是任意圈占。这种圈地制度，满足了满州贵族贪得无厌的需求，保障八旗子弟腐化的生活，但不利于经济的发展及社会的稳定。顺治四年，清政府下令永远禁止圈地运动。

之前多尔衮摄政时，曾把镶黄旗应分得的土地给了正白旗，而把贫瘠的土地分给了镶黄旗。现在鳌拜掌权，要求将两旗土地重新更换过来。朝中各大臣都觉得鳌拜此种举动实在过分，就是鳌拜所在的镶黄旗的旗民也认为此举没有必要。

负责圈换土地的户部尚书苏纳海和朱昌祚、王登联因反对换地，被鳌拜矫旨斩首。康熙帝知苏、朱、王三人是忠臣，但此时鳌拜势力大，不敢与他反目，只能强忍，使忠臣含冤。

不久索尼去世，遏必隆追随鳌拜，四大辅臣中只有苏克萨哈与鳌拜政见不合。鳌拜决心整倒苏克萨哈。康熙与左右大臣无法，只得眼睁睁看着他为所欲为。鳌拜看康熙帝如此软弱无能，吓得惊恐失色，深身战栗，觉得这个少年太容易控制了，于是放松了警惕。不久，康熙帝又加封鳌拜为一等公，鳌拜更加放心了。

康熙的计谋取得了成功，上上下下都认为康熙太软弱，难以与鳌拜抗衡。

康熙于是从侍卫中选取身强力壮者，以练习布库（即摔跤）的名义组织了一支能为皇帝拼死效忠的少年武士亲信卫队，每日滚打练习。在鳌拜入朝奏事也不回避，鳌拜认为康熙贪玩，没什么大志，心里更加放松，不加戒备。

康熙八年的一天，康熙以下棋为名，召索尼的儿子吏部侍郎索额图入宫，谋划擒拿鳌拜之计。这时，练习布库的侍卫武艺日渐进步，已有足够的力量擒拿鳌拜。

康熙帝单独召鳌拜入见，事先已将善于布库的侍卫埋伏在两侧。

由于鳌拜毫无戒备，欣然前往，到了内廷，被一班会武功的少年侍卫擒获，然后押入大狱。

皇帝命康亲王杰书等勘问，列出鳌拜主要罪行三十款。朝廷大臣议决应将鳌拜革职，立斩。其亲子兄弟亦应斩。妻并孙为奴，家产籍没。其族人有官职及在护军者，均应改退，各鞭一百。

康熙帝年轻而有主张，他考虑到，鳌拜是顾命辅臣，且有战功又效力多年，不忍加诛。最后定为革职没籍，与其子纳穆福俱予终身禁锢。后来鳌拜死于狱中，纳穆福获释放。鳌拜死党一律处死刑。鳌拜集团被彻底铲除。

康熙帝以布库戏少年陪伴娱乐为掩饰，训练自己的小型卫队，对鳌拜明示抚慰和非攻之意，使强臣鳌拜不以为然，放松警惕，然后乘其不备，单身进宫之时，就用这班令鳌拜不以为怪的游戏少年，一举而擒获鳌拜，铲除了他在朝廷中的势力。

釋例十六 25年，刘玄派舞阴王李轶、大司马朱鲔等率众兵马守卫洛阳城。光武帝刘秀准备向北攻取燕、赵，派寇恂、冯异统军驻防在黄河边上，抵抗朱鲔等人。冯异写信给李轶说：『敝人听说明镜是用来观察形象的，往古的事件是用来认识今天的。古时微子离开殷朝进入周，项伯背叛西楚霸王归顺……您真能从大事成败中觉悟过来，就请赶快定下大计，功劳可和微子、项伯相比。转祸为福，就在这个时候了……』李轶回信给冯异说：『现在我守卫洛阳，你镇守孟津，都占据着要害之地，希望我们同心不二。还望您详细禀报萧王（刘秀），我愿意献上愚见，以佐助国家，安定民众。』冯异上奏给光武。光武故意泄露了李轶的信件，好让朱鲔知道。朱鲔知道后果然大怒，于是派人刺杀了李轶。因此洛阳城中众人离心，有许多人投降刘秀。

刘秀

汉光武帝刘秀乃汉景帝后裔。王莽末年起兵推翻王莽政权，恢复汉室，形成『光武中兴』，为一代明君。

释例十七

一次，晋文公和秦穆公会同出兵围攻郑国，因为当初晋文公落难之时经过郑国，没有受到礼遇，并且郑国在依附晋国的同时又依附于楚国。两国军队分别驻扎，对郑国构成了严重威胁。

佚之狐向郑伯建议：『郑国现在处于险境，如果派烛之武去说服秦伯，一定能够让他们撤军。』郑伯马上同意了。而烛之武却推辞说：『为臣年轻时，尚且比不上别人；如今老了，更做不成什么了。』郑文公说：『我原先没有重用您，这是我的过错。然而郑国如果灭亡了，对您也有所不利。』烛之武便答应了。

天黑以后，有人用绳子将烛之武从城上放下去。烛之武见到秦穆公，对他说：『秦、晋两个大国围攻我们郑国，郑国已经知道快要灭亡了。假如灭掉郑国对您有好处的话，我怎么敢来麻烦您？但越过晋国把遥远的郑国作为秦国东部的边境，您知道这几乎是不可能的，那您何必还要灭掉郑国而帮助邻邦晋国增加土地呢？邻邦的国力雄厚了，相对来说，您的国力也就

赏强项令

汉光武帝刘秀即位以后十分注意天下的治理，勤于政事，严整纲纪。董宣是京都洛阳令，为人耿直，仗义执言，屡次冲撞刘秀，刘秀当时虽然生气，但是仍十分欣赏他，于是赏给他『强项令』的称号。

削弱了。如果您能放弃灭郑的打算，那么以后秦国使者往来，郑国可以随时为他们提供方便。这对秦国来说，也没有什么害处。况且，您当初对晋惠公有恩，他曾答应把焦、瑕二邑割让给您。可是，他早上渡河归晋，晚上就筑起城墙拒秦，这您是知道的。晋国贪得无厌，它现在已把郑国作为东部的疆界，下一步又想扩张西部的疆界。这样来看，它日后必会攻秦。秦国受损而晋国受益，您好好考虑考虑吧！』秦伯听完高兴了，立即与郑国签订了盟约，然后率军回国。

晋国的大臣子犯得知秦军撤退的消息以后，请求晋文公下令攻击秦军。晋文公说：『不可！假如当初没有秦伯的帮助我就不会有今天。借助了别人的帮助而又去伤害他，这不仁义；失去自己的同盟国，这不明智；以混乱代替严整一致，这不符合武德。我们还是回去吧！』晋军遂撤离了郑国。

釋例十八 908年，梁主朱温自泽州还师，留刘知俊围攻潞州。晋王李存勖命令周德威援潞州，说：『从前朱温所患，只一先王，今闻吾王之丧，说我少年嗣位，未司军事，不能出兵。我若简练兵甲，倍道兼行，出其不意，掩其无备，以愤卒击惰兵，何忧不胜？解围定霸，在此一举了！』存勖带领周德威等率军到了三垂冈下，第二天黎明，恰逢大雾漫天，咫尺不辨，驱军急进，直抵夹寨。梁军毫无防备，刘知俊还未起床，来不及出寨抵挡。梁军大败。

原文

夫未战而庙算①胜者，得算多也②；未战而庙算不胜者，得算少也。多算胜③，少算不胜，而况于无算乎！吾以此观之，胜负见矣④。曹操曰：以吾道观之矣。〇李筌曰：夫战者，决胜庙堂，然后与人争利，凡伐叛怀远，推亡固存，兼弱攻昧，皆物情之所出，中外离心，如商周之师者，是为未战而庙算胜，《太一遁甲》置算之法，因六十算已上为多算，六十算已下为少算；客多算临少算，主人败，客少算临多算，主人胜。此皆胜败易见矣。〇杜牧曰：庙算者，计算于庙堂之上也。〇梅尧臣曰：多算，故未战而庙谋先胜；少算，故未战而庙谋不胜。是不可无算矣。〇王晳曰：此惧学者惑不可先传之说，故复言《计篇》义也。〇何氏曰：计有巧拙，成败系焉。〇张预曰：古者兴师，命将必致斋于庙，授以成算，然后遣之，故谓之庙算。筹策深远，则其计所得者多，故未战而先胜。谋虑浅近，则其计所得者少，故未战而先负。多计胜少计，其无计者，安得无败？故曰：胜兵先胜而后求战，败兵先战而后求胜。有计无计，胜负易见。

注释 ①庙算：古代兴师作战之前，通常要在庙堂里商议谋划，分析战争的利害得失，制定作战方略。这一作战准备程序，就叫做『庙算』。②得算多也：意谓取得胜利的条件充分、众多。算，计数用的筹码，此处引申为取得胜利的条件。③多算胜，少算不胜，而况于无算乎：胜利条件具备多者可以获胜，反之，则无法取胜，更何况未曾具备任何取胜条件？而况，何况。于，至于。④胜负见矣：言胜负结果显而易见。见，同『现』，显现。

譯文 开战之前，在朝廷策划谋算时就能预知胜利的，是因为筹划周密，胜利的条件充分；开战之前就预计不能取胜的，是因为谋划不周，缺少获胜的条件。筹划周密，条件充分，就能取胜；筹划不周，缺少条件，就难以取胜；更何况那些根本不作筹划、毫无胜利条件的呢？我们依据这些方面来考察，谁胜谁负便一目了然了。

釋例十九 （一）春秋时期，郑国和息国因为领土问题产生了争执，息国国君没有采取和谈的方式来解决争端，而是贸然出兵伐郑。郑国在别无选择的情况下，被迫应战。经过一场激战后，息国军队大败而归。当时的一些政治评论家，在谈到这件事的时候说：『息国犯了五不韪，所以注定要失败，而且恐怕过不了多久就会亡国的。』『不韪』，就是『不对』的意思。息国进攻郑国一事就犯了『五不韪』之一的『不量力』。

（二）26年，东汉将领邓禹入关。他的将士们请求他迅速进攻长安，他对将士们说：『我们的人马虽说不少，可是能打仗的却不多。再说，前面没有粮草供给我们，从后面运粮更难以济事。赤眉军进入长安不久，声势浩大，粮草充实，其锋锐不可挡。如果我军马上去跟他们交战，能不吃亏吗？不过赤眉也有一个弱点，他们人多粮草少，并

邓禹

邓禹，字仲华，南阳新野（今河南新野）人，东汉中兴名将，『云台二十八将』之首。王莽末年，各地豪强纷纷自立。邓禹无心出头，却与刘秀结为知己。刘秀对邓禹深为敬重，令左右呼邓禹为邓将军，每遇大事，必与商讨。刘秀即位后，派使者持节拜邓禹为大司徒，此时邓禹不过二十四岁。

且没有来源，他们在长安也呆不多久，迟早会发生变乱。我探听到上郡、北地、安定三个郡，粮食富足，牲口也多，我军先不进长安，暂在北道休兵，等待时机。我们有了粮食、马匹，长安那边也许维持不下去了。这样，我们准能打败赤眉，顺利地进入长安。』

（三）南朝宋将檀道济率兵北上，多次打败魏国军队。在宋军打到历城时，粮草将绝，檀道济只好带兵撤退。魏军从降卒口中得知宋军粮草不足，士气低落，于是就追了上来。

为了摆脱危险的处境，檀道济想出一个妙计。他命令士兵在夜里称量沙子，并大声地唱出称得的分量，然后把所剩不多的粮食撒在沙子上。天亮时，魏军看到伪装的粮堆，以为宋军仍然粮草充足，因此便不敢轻举妄动。报信的降卒也被认为是谎报而被斩首。

檀道济为了使魏军看不出破绽，还命令全体士兵披挂整齐，绕军营缓缓而行。魏军见宋军如此从容，害怕其中有埋伏，因而不敢冒险追击。于是，檀道济在粮草缺乏的情况下，运用『唱筹量沙计』、『瞒天过海』，最终摆脱了魏军的追击，带领将士们平安地返回宋国。

（四）1947年初，胡宗南向陕甘宁边区发起了重点进攻。在西北野战军的掩护之下，党中央机关于3月19日主动撤离延安。

胡宗南占领延安后，以为大功告成，沉浸在暂时的胜利喜悦中。殊不知，胡宗南正中了毛泽东『诱敌深入』、『瞒天过海』之计。在毛泽东的指挥下，我军以一个营的兵力与敌人保持接触，假装掩护主力后撤的态势，向西北的安塞且战且走，目的是为了调开敌人主力，集中兵力打击分散的弱敌。但是，胡宗南开始时非常谨慎，并不是用其主力追击我假装撤退的部队，而是用一个旅的兵力在后面紧追。

为了进一步迷惑敌人，我军把六个旅的电台全部配属给该营，电台网络全天开通，频繁联系。果不出所料，敌人接收到频繁的电台信号，误认为该营是我军主力。胡宗南集中五个旅的兵力追击我假装撤退的部队，并令第31旅进驻青化砭，以保证其左翼的安全。敌人这一行动正符合我军『将强大集中之敌化作孤立分散之敌』的目的。我军主力在青化砭布下了天罗地网。胡宗南第31旅孤军冒进，于3月25日进入我军埋伏圈。我军主力以排山倒海之势向敌人发起猛攻，歼灭敌军2900余人，取得了青化砭战役的胜利。

（五）前259年9月，秦昭王想包围赵国都城邯郸，一举灭亡赵国。秦王派王龁和郑安平为进攻邯郸的主将。

当邯郸被围时，赵国派人向魏国求救。

魏公子信陵君无忌，是魏安釐王同父异母的弟弟，他的胞姐是赵惠文王弟弟平原君的夫人。由于这种关系，前257年，魏王派将军晋鄙带了十万军队去相救。

秦王得知魏将出兵，派使者前来警告。魏王忌惮秦国的势力，马上派人阻止晋鄙进军，要他在魏、赵边境的邺驻扎下来，观望事态发展。

邯郸形势危急非常。平原君见魏救兵迟迟不到，不断派遣使者去催促，并且责难信陵君：『即使你看不起我平原君赵胜，抛弃我，你难道不同情自己的姐姐吗？』

信陵君用种种方式去向魏王游说，但魏王害怕秦的报复，始终按兵不动。信陵君不能说服魏王，而眼看赵国要灭亡，信陵君决计不苟且偷生，便把自己门下食客、家臣等都召来，准备和这些人一道去和强秦决战。

信陵君率领志愿军经过东门，见到了守门的老头侯生，把自己要去跟秦军决一死战的话告诉了他。分手的时候，侯生只冷冷地这么说：『你努力去干吧，我老了，不能跟你一道去！』

因为信陵君素日待侯生非常亲厚，见侯生这种态度，非常讶异。走了一段路程，信陵君心里想：『我平时没有得罪侯生的地方，现在我要去和人拼命，怎么没有半句话劝阻我或鼓励我？这确实奇怪。』便叫大家停下来，独自跑回去。

这时侯生站在门外，一见信陵君回来，便笑着说：『我早就料到你一定会回来找我的。』

『你怎么会知道的？』信陵君问。

『那还不简单？』侯生说，『你一向对我好，现在你要去送死，我反不给你送行，你心里一定不愉快，所以我料定你必然回来问我个明白！』

信陵君说：『很好，你猜得不错，我怕我有什么对不起先生的地方，会使你对我这么冷淡，所以想问个明白！』

『我知道你一向器重人才，养了这么多门客，但现在遇到了为难的事情，却毫无办法可想，光去跟秦军拼命，这正如把肥肉丢进虎口里，试问有什么益处呢？』

『我也知道没有什么益处，』信陵君答，『但平原君是我的姐夫，交情又深，眼下，他危在旦夕，我不能见死不救呀！虽然明知这样行动是无济于事的，实属万不得已。不知老先生有没有别的办法可想？』

『请进屋里去坐吧，大家商量商量！』

侯生把旁人遣开，细声问信陵君：『我听说现在魏王最宠幸的一个美人叫做如姬，是不是？』

『是的！』

『又听说如姬的父亲被人杀害，她怀恨了三年，从国王以下，都想为她报仇，却总是没有办法找到这个仇人。有一次她为这件事向你哭诉，你立刻派门客去侦查，很快就把仇人的头弄到了手，献给如姬，是否有这件事？』

『不错，真有此事。』

『那就好办了。』侯生的老眼一闪，继续说出了他的计划，『你能替如姬报了杀父之仇，她感激不已，就是为你牺牲生命，也决不会推辞的，你正好利用这个机会，从她身上打主意！』

『她是一个女流，有什么主意可打的？她又不能撒豆成兵！』信陵君表示失望。

『我再请问一句，』侯生说：『魏王是不是已派晋鄙统率了十万大军去救赵国？』

『是呀！可是魏王叫他在半路上停下来，不准前进。』

『且不必过问部队不进军的理由，但你可知道用什么办法会叫晋鄙进军吗？』

『自然是魏王的命令啦！』

『那么魏王下的命令凭什么做证据呢？』

『兵符。』

侯生霍然起身，信心十足地对信陵君说：『只要能把兵符弄到手，晋鄙的军权就归了你，魏军就可以立即开到邯郸去，赵国的危机不就解决了吗？据我所知，魏王的兵符藏在卧室里，那地方只有如姬一个人才可以接近。你现在即刻去见她，只要你一开口，求她帮助，把兵符偷出来，她没有不答应的。这样你便可以把晋鄙的军权夺到手，就可以指挥大军，北面救了赵国，西面击败秦军。这可是了不起的功勋，是千载难逢的机会呀！』

信陵君果然采纳了侯生的意见，去请如姬想办法。如姬毫不推辞地说：『公子过去对我有大恩典，我正想找个机会报答你，何况这是公子的侠义行为，我无论如何都要完成这个任务。』

当晚，如姬特别设便宴把魏王灌醉，乘机盗窃了兵符，用一个花盒密封好，托近身的侍女连夜送到信陵君手里。

信陵君非常高兴，即刻去见侯生，并请教他还有什么高见。侯生说：『一个统帅在前线是绝对的权威，就是君主的命令也可以拒不接受。现在你拿了兵符前去，晋鄙仍然可以不把兵权交给你的，如果他说要再向大王请示一番，那事情就糟了。在这个危急关头，唯有断然处置才行。我有一个好友叫朱亥，是卖猪肉的，臂力过人，他可以帮这个忙。到时晋鄙能顺利地交出兵权来，那是最好不过的；要是拒绝的话，叫朱亥用铁椎当场将他打死便了。』

信陵君听了这番话，不由得心里一酸，当场哭了起来。

『怎么啦，你哭了？是怕死吗？』侯生惊奇地问。

『不，』信陵君说，『我并不怕死，是可怜晋鄙白白送了性命。』

『俗话说「无毒不丈夫」，这是国家大事，不这样又怎能达到目的呢？走吧！』

他们一同去找着了朱亥，把来意说了。朱亥便笑了起来，说：『我不过是一个卖肉的，承公子你这般看得起，几次亲自来照顾我，过去我一直没有答谢过你，是觉得这种小礼小节没有多大意义；现在公子有了急难，这才是我报答你的时候。』立即答应下来。

信陵君要出发了，来向侯生辞行。侯生告诉他：『照情理说，我也应该跟你一块儿去的，可惜年纪老了，去了也不中用。还是留在这儿，计算着你到晋鄙军中的那一天，我只有以自杀来报答你平生对我的知遇之恩了！』

信陵君率队到了邺城，假传魏王命令，要接替晋鄙的军权。晋鄙把兵符一验，的确不错，可是心里非常疑惑，两眼不停地打量信陵君，说：『我领兵十万驻守在国境上，责任是很重大的，现在你单身到来接替兵权，究竟是怎么一回事？我要请示一下魏王才能把兵权移交给你，好吗？』

朱亥在旁看到晋鄙明显不愿接受信陵君的命令，迅速拿出事先藏在衣袖里面的那个四十斤重的铁锤，冷不防朝晋鄙头上打去，晋鄙当场毙命。信陵君于是夺取了晋鄙的军权。

信陵君控制了部队以后，挑选精兵八万人，并下令向邯郸进军。到进军的这一天，信陵君身先士卒，如出笼的猛虎，直闯秦国的军营。平原君也乘机倾城出击，杀得秦军措手不及，血流成河，仓皇逃回秦国去。就这样，邯郸的围困解除了，赵国也转危为安。秦军再也不敢对赵国轻举妄动。

結語 计篇：计，计算、庙算。『庙算』兴师为国家大事，在政祭一致的古代，君臣必先谨告于祖庙，关在庙内讨论军事：一为求祖先的佑助，二为统一君臣的意志，三为提防谋略的外泄。基于彼方、我方的考虑与比较，而定出作战的基本计划。

孙子以『庙算』作为军事谋策，受到历代的重视。汉高祖的军事集团中有『运筹帷幄之中，决胜千里之外』的张良、陈平等人。据传，张良能奇谋巧运，曾『借箸代筹』即借助筷子，测定出刘邦破楚军关键之策。唐代军事家李靖娴熟兵法，著有《李卫公问对》一部兵书。相传其每次随唐太宗出征，都随身携带『算袋』统计测算，为唐太宗出筹定计。

兵法與商道　煤炭商行诡道发大财

一年秋天，在日本的神户，一家经营煤炭的商会正式挂牌营业了，周围充满了欢庆的气氛。该商会的老板是少年得志、气宇不凡的久永君。说起来，他成立商会多亏了父亲的老友藤泽先生慷慨解囊和全力相助，对此厚意，久永君念念不忘，并随时准备报答，正如中国古语所说：受人滴水之恩，当以涌泉相报。

开业没几天，就来了一位客人，自称是当时神户最有名的饭店——春山饭店的服务员，请求面见商会老板，并恭恭敬敬地递上一份请柬和一份举荐书。久永君接过请柬，看见上面写着：久永先生亲启，落款：山口三太郎。久永君打量了一眼来者，疑惑地打开请柬和举荐书，阅完之后，才知是藤泽先生部下道原举荐来人山口三太郎和他做煤炭生意，为表示谢意，山口三太郎准备在春山饭店置办酒席，以便在席间向久永君请教生财之道。请柬中字里行间都充满了对久永君的无限仰慕之情。既然是自己恩人部下举荐的朋友，哪能怠慢？他向山口三太郎说了几句客套话后，便欣然应允，表示愿意前去赴约。

到了晚上，久永君换上一身笔挺的西装，来到了春山饭店，山口三太郎早已在那里恭候多时了。一进饭店大门，久永君就受到了热情的接待，酒席上的美味佳肴更使他大饱口福，再加上山口三太郎不时地恭维奉承，久永君不免有些飘飘然，得意洋洋起来。酒酣耳热之际，正是谈判的绝好机会。山口三太郎认为时机已到，就极为虔诚地向久永君提议到：『久永先生，我有一个好友阿部君，是横滨的一个著名的煤炭零售商，信誉很好，客户也多，生意非常兴隆，如果先生您相信我并愿意给我一个为您效劳的机会，我非常乐意为你们从中牵线搭桥。对于您来讲，可以由此扩大煤炭销售量，拓宽销售渠道，从而加速资本周转，获取更多的收益；对于我的好友阿部君来说，就会拥有可靠而稳定的货源，经营也会更加有保障；至于我本人，只要从您那里得到一定量的佣金就行了。』

久永君听罢，并未立即回答，他一时犹豫不决，双方谈判陷入了僵局。

山口三太郎看了对方一眼，并没有强求对方马上做出答复，只是若无其事地招来服务小姐：『小姐，听说你们神户的特产瓦砾烧饼味道挺好，能否劳驾给我买些来？』说着，就从口袋中掏出一大沓子钱来，并随意从中抽取两张大额的作为小费。

久永君望着那厚厚的一叠钞票，再看看山口三太郎付小费时的豪爽，认定对方肯定是个实力雄厚的大老板，与他做生意一定不会有什么风险，就主动与山口三太郎就煤炭交易一事进行了详尽的洽谈，最后爽快地答应了他的要求。

酒足饭饱之后，双方正式达成协议，两人握手话别。久永君刚一离开，山口三太郎就急匆匆奔向汽车站，以便搭末班车回到横滨，今天在春山饭店这样的高消费对他来说简直太奢侈了，根本不是他所能承受得起的。

久永君做梦都想不到，山口三太郎充其量不过是横滨的一个小煤炭经营商，眼看着企业要关门破产，生意做不下去了，他从朋友那里得知久永君和藤泽、道原的特殊关系后，便以自己的煤炭店作为抵押向银行贷了一部分款；随后以欲与久永君做煤炭生意为借口请道原君为他写了一封举荐信；然后，再借助于春山饭店这个堂而皇之的大舞台，成功地上演了一出『不能而示之能』的戏。山口三太郎高超的谈判本领使他不花分文，把久永君煤炭商会的煤，转手卖给阿部的零售店，一来一去，获利颇丰，一度濒临倒闭的小煤炭店从此便蓬勃发展起来。可以说，山口三太郎此举正是对孙武『能而示之不能』之计的灵活运用。

推销商妙计逃重税

曾经有一个时期，美国海关规定，进口法国手套需缴纳高额税金，以此来抵挡法国手套对本国市场的冲击。这样一来，法国手套在美国市场上的价格令人咋舌。显而易见，谁能够逃过美国海关的高额税金，谁做法国手套的生意就会挣大钱。

推销商泰勒挖空心思，终于想出一个逃税的办法。但这个办法有一个致命的缺陷，一旦被揭穿，不仅会前功尽弃，而且还要被处以重罚。然而在高额利润和投机心理的驱使下，泰勒还是决定铤而走险。

泰勒在法国选购了一万套做工精致、质地优良的皮手套，然后把每副手套一分为二，将其中的一万只左手套集中装箱，发往美国。这一万只左手套到美国海关后，泰勒却不去提货。按海关的惯例，逾期货物在无人认领的情况下，海关有权进行拍卖。于是，海关商办斯托尔主持了这次拍卖活动。因为这批手套全是左手，几乎可以算作废品，所以拍卖场面并不热烈。最后这批手套被一个商人以很低的价格买走，而这个商人恰恰是泰勒。

斯托尔觉得此事很蹊跷，便通知海关人员严格审查来自法国的手套，特别是大批的法国右手套。同时，海关对泰勒的一举一动加以严密监视。但是，此后泰勒从法国收到的手套都是成双成对的，先后共有五千副。海关没有发现泰勒收到过右手套。这是怎么回事呢？斯托尔对此一直都很迷惑不解。

一年后，斯托尔到鞋店买鞋，鞋柜上摆放的一双棕色牛皮鞋引起了他的兴趣。当他试穿这双鞋时，才惊奇地发现两只鞋都是右脚。此时的他幡然醒悟，终于知道一年前泰勒是怎样偷漏手套税金的了。

原来，泰勒后来收到的五千副成对儿的手套其实都是右手的。当人们看到两只手套摆在一起时，会习惯地以为它们是左右手各一只。如果海关有一位细心人亲自试戴的话，就会当场揭穿泰勒的这个把戏。由于海关人员麻痹大意，使得泰勒巧妙地瞒过海关检查，合理合法地偷漏了手套的海关税金。

利用旧钞赚大钱

70年代初，韩国商人郑周永计划创建蔚山造船厂，专门制造超大型油轮。经过他的努力，终于筹集了足够的贷款，就只等客户来订货了。

但是，在当时没有一个外商相信韩国的企业能够制造大船。看来订单是不易得到的。怎么办？郑周永陷入冥思苦想之中。

一天，他偶然发现一张已经泛黄的旧钞。这张旧钞上印有十五世纪朝鲜民族英雄李舜臣发明的龟甲船，其外形与现代油轮非常相似。实际上，李舜臣发明的龟甲船是用来运兵的，与现代油轮的性质截然不同。但是，郑周永就像抓住了一根救命的稻草，怀揣这张旧钞到国外游说，宣称朝鲜在400多年前就具备了制造大船的能力，今天完全能够制造出现代化的大油船。经他这么一说，有个外商信以为真，很快便向郑周永提出两张各为26万吨级油轮的订单。

拿到订单后，郑周永与全体职工埋头苦干，终于在两年后交出了两艘油轮。蔚山船厂也因此一炮打响，订单像雪片般飞来，给郑周永带来滚滚的财源。

郑周永以一纸旧钞游说外商，以假乱真，令人叫绝。

『万事发』香烟的经营谋略

目前国际市场上有一种叫做『万事发』的日本香烟，其销售总量已占世界第二位。令人称奇的是，这种香烟是通过亏本经营逐渐打开销路的。

为了试销『万事发』香烟，这家卷烟厂首先在世界各国的大城市挑选代理商，通过代理商向当地一些著名政客、作家、律师、艺人等按月寄赠香烟，还声明如果不够的话来函即寄。每隔一段时间，代理商还给他们寄去一份表格，征求对『万事发』香烟的意见。当然，厂家的『慷慨』目的是吊『瘾君子』的胃口。待到这些人抽『万事发』香烟上了瘾，代理商便不再寄赠。这些『瘾君子』只能自己掏腰包买『万事发』香烟。这样，『万事发』香烟很快在上流社会树立起形象，在各国的销路都非常好，获得了巨额利润。『万事发』香烟的销售成功，就在于运用了欲擒故纵的谋略。一种新商品，它在市场上知名度并不高，消费者也很少，为打开销路，降价销售甚至免费赠送是必要的。『万事发』香烟从血本无归的赠送为起点，最后达到了巨大盈利的目的。

先播种后秋收

有家大的电器公司，其产品质量上乘，在国内外享有盛誉，急需扩大生产规模，只是公司当时拿不出那么多的资金搞扩建项目，比较可行的办法是兼并其他的小企业，利用改造小企业原有的设备。可是怎么兼并对方？如果对方一点好处都得不到，怎么能俯首称臣呢？电器公司给了小企业三大好处：一是抽一部分技术人员给小企业职工进行培训；二是拿出一部分资金对小企业原有的机器设备进行改造；三是在产品质量合格的前提下，小企业可使用该公司的牌子。

结果轻而易举地兼并了这些小企业，使这家大电器公司，节省了70%的资金，扩大了生产规模，增加了盈利。这如同先播种后秋收一样，先博得对方的好感，达到你的目的，这要比主动冲击成功率要高得多。

作战篇第二

曹操曰：欲战必先算其费，务因粮于敌也。

原文

孙子曰：凡用兵之法①：驰车千驷②，革车千乘③，带甲④十万，曹操曰：驰车，轻车也，驾驷马；革车，重车也，言万骑之重。车驾四马，率三万军，养二人主炊家子，一人主保固守衣装，厩二人主养马，凡五人。步兵十人，重以大车驾牛。养二人主炊家子，一人主守衣装，凡三人也。带甲十万，士卒数也。**千里馈粮⑤，**曹操曰：越境千里。**则内外⑥之费，宾客之用⑦，胶漆之材⑧，车甲之奉⑨，日费千金⑩，然后十万之师举⑪矣。**曹操曰：谓购赏犹在外之也。

其用战也胜⑫，久则钝兵挫锐⑬，攻城则力屈⑭，久暴师则国用不足⑮。曹操曰：钝，弊也；屈，尽也。**夫钝兵挫锐、屈力殚货⑯，则诸侯乘其弊而起⑰，虽有智者，不能善其后矣⑱。故兵闻拙速，未睹巧之久也⑲。**曹操曰：虽拙，有以速胜。未睹者，言无也。**夫兵久而国利者，未之有也⑳。故不尽知㉑用兵之害㉒者，则不能尽知用兵之利㉓也。**

注释

①法：规律、法则。②驰车千驷：战车千辆。驰车即快速轻便的战车。驰，奔、驱的意思。千驷即千辆粮秣、军械等军需物资。驷，原指一车套四马，这里作量词。

③革车千乘：用于运载粮草和军需物资的辎重车千辆。革车，用皮革缝制的篷车，是古代重型兵车，主要用于运载战车。乘，辆。④带甲：穿戴盔甲的士兵，此处代指军队。

袁曹对阵

袁绍与曹操陈兵官渡，相持了十余日。袁绍兵强马壮，后方有粮草补给不停运送，而曹操这方粮草不足，军心涣散。如若不是许攸反袁献策，烧掉袁绍粮草，曹军早已败亡。

⑤千里馈粮：意谓跋涉千里辗转运送粮食。馈，馈送、供应。⑥内外：内，指后方。外，指军队所在地，即前方。⑦宾客之用：指与各诸侯国使节往来的费用。⑧胶漆之材：通指制作和维修弓矢等军用器械的物资材料。⑨车甲之奉：代指武器装备的保养、补充开销。车甲，车辆、盔甲。奉，同『俸』，指费用。⑩日费千金：每天都要花费大量财力。千金即千镒，代指开支巨大。金，古代计算货币的单位，一金为一镒（二十两或二十四两）。⑪举：出动。⑫其用战也胜：意谓在战争耗费巨大的情况下用兵打仗，就要求做到速战速胜。胜，取胜，这里作速胜解。⑬久则钝兵挫锐：言用兵旷日持久就会造成军队疲惫，锐气挫伤。钝，疲惫、困乏的意思。挫，挫伤。锐，锐气。⑭力屈：力量耗尽。屈，竭尽、穷尽。⑮久暴师则国用不足：长久陈师于外就会给国家经济造成困难。暴，同『曝』，露在日光下，文中指在外作战。国用，国家的开支。⑯屈力殚货：此言力量耗尽经济枯竭。殚，枯竭。货，

财货，此处指经济。⑰诸侯乘其弊而起：其他诸侯国便会利用这种危机前来进攻。弊，疲困，此处作危机解。⑱虽有智者，不能善其后矣：意谓即便有智慧超群的人，也将无法挽回既成的败局。后，后事，此处指败局。⑲兵闻拙速，未睹巧之久也：此句言用兵打仗宁肯指挥笨拙而求速胜，而没见过为求指挥巧妙而使战争长期拖延的。拙，笨拙、不巧。速，迅速取胜。巧，工巧、巧妙。⑳夫兵久而国利者，未之有也：长期用兵而有利国家的情况，从未曾有过。㉑不尽知：不完全了解。㉒害：危害、害处。㉓利：利益、好处。

譯文　孙子说：大凡用兵作战，一般的规律是要动用战车千辆、辎重车千辆，集结军队十万，还要长途运送军粮。那么，前方后方的经费，招待使节宾客的开支，维修作战器材的消耗，车辆兵甲保养补充的开支，方方面面每天都需要耗费数目庞大的资金，然后十万大军方能出动。

动用如此庞大的军队作战，就需要力争速胜。旷日持久就会使军队疲惫，锐志受挫；攻打城池就会使战斗力耗损；军队长期在外作战，将会使国家财力难以维持。如果军队疲惫，锐气受挫，战斗力耗损，国家经济枯竭，那么，别的诸侯国就会乘此危机而发起进攻。到那时，即使有再高明能力的人，也无法挽回危局了。所以，用兵作战只听说过宁可指挥笨拙而但求速战速胜的事，还没有见过为讲究指挥精巧而使战争旷日持久的现象。战争久拖不下而对国家有利的情形，从来未曾有过。因此，不

春申君

春申君黄歇为战国四公子之一。为人明智忠信，礼贤下士。他以辩才出众而深得楚顷襄王的赏识。

完全了解用兵的弊害的人，也就不可能真正认识到用兵的益处。

释例一 （一）前258年9月，秦国发兵，派王陵攻打赵国的都城邯郸。这时，武安君白起生病，不能走动。王陵攻邯郸，斩获不大。武安君病愈，秦王想派武安君代替王陵做大将。武安君说：『邯郸的确不易攻破，而且诸侯的援救一天即可抵达。那些诸侯许久以来就与秦的关系不好，如今，秦虽攻破长平的赵军，而秦兵也死伤过半，国内兵力空虚，跋山涉水地去攻人家的都城，赵国从内应战，诸侯从外攻击，必然击破秦兵，不可以这样做。』于是托称生病。秦王改派王龁代王陵为大将，王龁率军用了八九个月围攻邯郸，久攻不克。楚国春申君及魏公子领兵数十万攻秦军，秦军死伤极多。

（二）鲁僖公三十二年冬天，春秋五霸之一的晋文公去世。晋文公的灵柩将要移到晋国的旧都曲沃去停放。没想到刚抬出国都绛城，棺柩里突然发出牛鸣一般的响声，卜筮官立即命令随行的大臣们下拜，并传出话来：『先君是在指示国家的用兵大事，西方将会有军队越过晋国国境，趁机攻打，必会大获全胜。』

当时的郑国是一个小国，国力很弱，所以，就请求秦国的军队来协助守卫北门。但是郑国国君去世之后，新国君由晋人所立，新国君对晋国自然十分亲近。

秦穆公因此愤愤不平，他准备趁晋文公去世的时机，灭掉郑国。秦穆公为了这事特意征求蹇叔的意见。蹇叔听了穆公的打算后说道：『出动大军去袭击远方的国家，我从没听说过这样的事。军队疲惫不堪，力量消耗殆尽，远方的国家早就有所防备，恐怕不会打胜仗吧？我们的部队将要行军千里，郑国必然会知道，兴师动众而无所得，将士们也必然产生怨恨之心。这样看来，出兵伐郑实在没什么好处！』

可是秦穆公没有听从蹇叔的劝告。他任命孟明视为大将，任命西乞术和白乙丙为副将，率领精兵三千，战车三百乘，前去灭郑。

大军从东门出发的时候，蹇叔哭着说：『我今天能够看着军队出征，却再也看不到他们回来了！这次远征，晋国人一定会在殽山截杀你们。殽山有两座山，那南边的山是夏帝皋的坟墓；那北边的山，是周文王避风雨的地方。你一定死在这中间，我到那里收你的尸骨吧。』秦国的重臣百里奚也哭着为大军送行。秦穆公得知情况后，不但不去反思自己的所为，还一个劲儿地埋怨他们年老糊涂。

秦军这三位统帅，也都不相信蹇叔和百里奚的预言。他们认为，挑选出的三千精兵，都是秦国最优秀的勇士。而秦兵向来以善战著称，更何况秦兵中的勇士呢？

秦军经过周朝都城北门的时候。兵车上左右两边的士兵都摘下战盔，下车致敬，接着，有三百辆兵车的士兵跳跃着登上了战车。当时，周王命王子虎和王孙满前去观看，二人回来后，王子虎对周王说：『秦国的军队果然骁勇强健，看来没有谁是他们的对手。』王孙满这时还是十多岁的小孩子，他看到秦军的情形，就对周王说：『秦军轻狂而没有礼数，必定会失败。轻狂就缺少谋略，没有礼数就纪律不严。秦军进入险境，缺少谋略而又纪律不严，怎么能不失败呢？』

由于王孙满还是个小孩子，所以周王、王子虎对他的话都不以为然。

秦军出发后不久，秦国要攻打郑国的消息，就传到各地。当秦军经过滑国的时候，有一个名叫弦高的郑国商人正要到周都城去贩牛，在这里正好遇到了秦军。他听说秦军要袭击自己的国家，又看到秦军骁勇强悍，不免为家乡父老担扰起来。

焦虑之中，弦高心生一计，他带着十二头牛来到秦军队伍之前，假装说自己是受郑国国君的派遣，专门在这里来迎接秦国大军的。弦高还把自己的牛说成是国君的礼物，一齐送到了秦军大营。同时，他派人火速赶回郑国报信，让郑国提早做好防备。

孟明视见郑国派人犒赏秦军，以为郑国已有防范，只好放弃了袭击郑国的念头，而是挥师攻打滑国，轻而易举地就把滑国灭了。然后，秦军就带着从滑国掠夺来的大批财宝，班师回朝。

回国途中，秦军走到了晋国的殽。晋国的大将原轸说：『秦穆公不听蹇叔的劝告，这是上天赐给我们的好机会，我们不能放弃，不能让敌人轻易通过。一旦放走了敌人，以后就会产生祸患。所以一定要拦截秦军！』大夫栾枝反对攻打秦军，他说：『秦国对我们晋国的先君有恩，如今我们恩将仇报，难道我们心中还有已故的国君吗？』原轸反驳道：『秦国不但不为我们的丧礼举哀，反而讨伐与我们同姓的郑国，这就是无礼之举，我们还谈什么报恩呢？再说，为了子孙后世考虑，消灭秦军，可说是为了故去的国君吧！』

于是下达命令，立即调动军队准备在殽袭击秦军。

疲惫不堪的秦军从滑国返归本国，抵达殽山。殽山地形险恶，山路崎岖狭窄，特别是东、西殽山之间，人走都很吃力，车马行进更是难上加难。西乞术望着险峻的山岭，不安地对孟明视说：『临出发时，父亲再三警告我，过殽山要小心，说晋人肯定会在这里设下埋伏，消灭我们。我们的队伍拉得太长，再不收拢一

弦高

郑国的一位行商，鲁僖公三十三年他去周王室辖地经商，途中遇到秦军要去袭击郑国，便一面派人急速回国报告，一面伪装成郑国的特使，以十二头牛作为礼物，犒劳秦军。秦军以为郑国已经知道此事，只好班师返回。使郑国避免了惨遭灭亡的悲剧。

些，就很危险了！』孟明视叹道：『我何尝不想这样做？只是道路太窄，做不到啊！』

秦军到了这里，猛然间看到晋国一支队伍从后面追来，只好加紧向前进发。秦军行进到『上天梯』这个地方，由于道路狭窄，车马无法通行，只能一个人接着一个人向上攀爬，结果队伍全都困在险峻的羊肠小道上。

这时，秦军发现前面的山路已经被木石封住。晋军在上面居高临下，不断地往下放滚木礌石，把秦兵打得落花流水；后面，晋国的大军如铜墙铁壁一般，把秦军堵得根本没有退路可言。秦国的三千勇士，被困在绝地，死伤无数，没有一人逃脱。秦军的三位统帅也都做了俘虏，他们被押回了晋国，成为阶下囚。

（三）战国时期，齐国有一个相貌平平，但聪明过人、说话幽默的人，名叫淳于髡，他是齐威王、齐宣王时代的重臣。有一次，齐宣王准备攻打魏国，淳于髡知道后，就去求见齐宣王。他对齐宣王说：『大王，您听没听说过韩子卢和东郭逡的故事？』齐宣王摇了摇头。

于是淳于髡就接着讲起来：『韩子卢是天下最厉害的猎犬，没有任何狗能超过它，连骏马也赞叹它的速度；而东郭逡是世上最有名的狡兔，它钻树洞，越壕沟，灵活自如，猛虎捉不着，饿狼也吃不到。有一次，韩子卢遇到了东郭逡，于是，韩子卢就开始追赶东郭逡。一只在前面拼命地逃，一只在后面不停地追。韩子卢使出自己浑身的力气，东郭逡用上自己平生所有的本事。它们绕着山跑了三圈；它们翻山越岭，上下五次。折腾了大半天，它们两个都累得气喘吁吁。韩子卢一停下脚步，东郭逡也马上歇息；韩子卢看见东郭逡歇息，以为有机可乘，猛然一跃，可还是没抓着，东郭逡一闪身，马上逃走了。于是韩子卢又拼尽全力追赶起来。东郭逡向山坡上爬，韩子卢也跟着爬；东郭逡向坡下滚，韩子卢也跟着滚；东郭逡环山又跑了半圈，倒在了前面，韩子卢筋疲力尽，瘫在了后面。结果，它们两个耗尽了全部体力，动弹不得，双双倒在山脚下死了。这时，有个农夫刚好经过，于是不费吹灰之力就把它们两个带回家煮了吃掉。』

齐宣王听了这个故事，觉得很有意思，但怎么也想不明白这跟他要去攻打魏国有什么关系。淳于髡接着说：『大王，现在您发兵去攻打魏国，在短期内不可能打赢。时间拖久了，双方都会民穷财尽，从而两败俱伤，不但老百姓要受苦，国家的兵力也会受到严重损伤，万一秦国和楚国借机来袭击我们，那不等于是白送给他们机会一并灭掉齐国和魏国吗？这跟韩子卢和东郭逡的结局又有什么两样？』

齐宣王听了他的话，经过仔细思考，觉得很有道理，于是取消了攻打魏国的计划。

（四）孙皓是三国时代吴国的最后一位君主，他刚即位时，下令抚恤百姓，又多次开仓赈贫、放还宫女和放生宫中多余的珍禽异兽，一时间被人们誉为明主。但是，孙皓很快就变得粗暴骄横，他转而以暴虐之道来治国，又贪恋酒色，从而民心丧失殆尽。

东吴名将陆逊的后代陆抗，智勇双全，年轻时就被任命为建武校尉。孙皓登基之后，三十八岁的陆抗就升任为镇军大将军。

东吴后期朝政日益腐败，再加上孙皓荒淫暴虐，经常滥杀无辜，使得陆抗非常不满。他曾多次上疏劝谏，希望孙皓能勤理朝纲，善待人民。但是，孙皓对陆抗的这些忠告不以为然，置之不理。

尽管当时东吴的内政混乱不堪，但凭借着陆抗的过人谋略，一直觊觎东吴，意欲南下统一中国的晋朝，也无可奈何。

当时，羊祜是晋朝的车骑将军，负责镇守襄阳。他见陆抗用兵有方，知道要马上打败东吴不是很容易，于是就改变了对东吴的敌对策略。他下令将战争中抢来的东吴孩子全部放回；晋军经过东吴时，抢收了东吴百姓所种的庄稼，就送给东吴绢帛作为补偿；他还将晋军捕获的被吴人打伤的禽兽转送回东吴。陆抗也看出了羊祜的用意，于是也用同样的方式对待晋方。在边境，双方还经常派使者往来，以表示友好。就这样，当时吴、晋一部分边境竟然出现了和平的局面。

孙皓得知了边境的情况之后，很不高兴，并派人前去责问陆抗。

陆抗回话说：『小小的一乡一县尚且不能没有信义，更何况是一个大国！如果我不采取这种政策，反而会彰显出羊祜的威德。』孙皓听了以后，觉得有道理，就没有再说什么。但是他还想出兵伐晋统一中国，于是频频调兵。

陆抗知道了以后，又向孙皓上疏：『现在，朝廷应该重视农业生产，多储备粮食，以增强国力；应该让有才能的人充分发挥作用，使各级官府吏忠于职守；要赏罚严明以鼓励百官；

慎重实施刑罚以戒国人。如果不这样做，而去图虚名重形式，时时用兵，好战不止，不但耗费的资财不可胜数，士兵们也会疲惫不堪。这样下去，敌寇没有被削弱，反而使我们自己受累而被拖垮。』陆抗还多次告诫，应当停止用兵，暗中积蓄力量，以待时机。

但是，孙皓对陆抗的建议仍是置若罔闻，以致于东吴国力日渐衰退。陆抗死后，晋军便乘机南下，讨伐东吴。而早已被孙皓拖垮的吴国毫无反抗之力，最终为晋军所灭，孙皓本人也被擒拿，成了晋武帝的俘虏。

釋例二（一）226年，魏文帝死去，孟达心里不安。诸葛亮了解这个情况后就引诱他。孟达多次和诸葛亮通信，暗里答应归附蜀汉；孟达和魏兴太守申仪有矛盾，申仪暗地向魏帝上表告发了他。孟达听到这消息，心里恐惧，打算举兵叛变。司马懿写信安慰他，孟达犹豫没有拿定主意，司马懿就偷偷地出兵进讨。将领们说：『孟达和吴、蜀互有来往，应当观察动静而后用兵。』

司马懿智擒孟达

司马懿，字仲达（179—251），河内温县孝敬里（河南温县招贤镇）人，三国时期魏国杰出的政治家、军事家，权臣。多次率军对抗诸葛亮，以其功著，封宣王。其孙司马炎称帝后，追尊为晋宣帝。

司马懿说：『孟达不讲信义，这是他疑心的时候。应当乘此时促使他下定决心。』于是，司马懿就加速赶路，八天的功夫到了孟达的城下。吴、蜀各派偏将向西城安桥、木阑塞等处援救孟达。司马懿分派将领拒挡他们。

起初，孟达和诸葛亮通信说：『宛城距离洛阳八百里，距离我一千二百里。司马懿听到我举兵之事，要上表给皇帝，一往一来，需要一个月的时间。那么我们的城邑已经坚固，一切军事都已办妥。我这里有天险，司马懿一定不能亲自前来；将领们来，我也不怕了。』

等到魏军来到时，孟达又写信告诉诸葛亮说：『我举兵八天而魏军来到城下，为什么来得这样神速？』228年司马懿攻打新城，花十六天的时间攻下了它，杀了孟达。

（二）前632年的晋楚城濮之战，是春秋时期晋、楚两个诸侯国争霸中原的一次战争。在这场战争之初，楚国的实力强于晋国，而且楚国有许多盟国，声势浩大。城濮之战以楚国出兵攻宋，宋成公派人来晋求救为引子展开。但晋国并不靠近宋国，远道救宋，必须经过楚国的盟国曹、卫，形势于晋不利。可是，晋军制定了正确的战略战术，运用谋略争取了齐、秦两个大国的援助，取得了『伐交』、『伐谋』方面的优势，最终击败了楚军，争得了中原霸主的地位。城濮之战中晋军的胜利，不胜在实力，而胜在谋略。

春秋时期，地处江汉之间的楚国日益强盛，它控制了西南和东面的许多小国和部落。在楚文王时期，楚国开始北上向黄河流域发展，攻占了申（今河南南阳北）、息（今河

晋赵衰妻

晋文公为公子的时候，与赵衰一同出奔狄。回国后晋文公便将自己的女儿嫁与赵衰。

南息县西南）、邓（今河南漯河市东南）等地，并使蔡国屈服。楚成王时期，齐国崛起，齐桓公称霸中原，楚国难以再向北扩张。齐桓公死后，齐国内乱，霸业衰落，这时楚国乘势向黄河流域扩展，控制了鲁、宋、郑、陈、蔡、许、曹、卫等小国。前638年，楚军在泓水之战中打败了宋襄公，开始向中原发展，期望成就霸业。

正当楚国图谋中原称霸之时，在今天的山西西南的晋国也逐渐强盛起来。前636年，流亡在外十九年的晋公子重耳在秦国的帮助下回国即位，称晋文公。晋文公即位后，实施一些改革措施和外交活动，逐步具备了争夺中原霸权的强大实力。

早在晋文公即位的那年，周襄王遭到他兄弟叔带勾结狄人的攻击，王位被夺。文公及时抓住了这个尊王的好机会，平定了周室的内乱，护送周襄王回到洛邑。襄王以文公勤王有功，便赐以阳樊、温（今河南温县西）、原（今河南济源西北）等地。晋文公遂命赵衰为原大夫，狐溱为温大夫，经营这一对争霸中原有战略意义的地区。由于晋文公抓住了『尊王』这块招牌，在诸侯中的地位大为提高。晋国势力的迅速发展，引起了楚国的不安。楚国急于想阻止晋国的进一步向南发展，而晋国要想夺取中原霸权，就非同楚国较量不可。因此，晋、楚之间的矛盾日益尖锐起来。

前634年，鲁国因和莒、卫两国结盟，几次遭到齐国的进攻，便向楚国请求援助。而宋国因在泓水之战中被楚国击败，襄公受伤而死，不甘心对楚国屈服，看到晋文公即位后晋国实力日增，也就转而投靠晋国。楚国为了保持其中原的优势地位，便出兵攻打齐、宋，并借以制止晋国的向南扩展。晋国也正好利用这一机会，以救宋为名，出兵中原。这样，晋楚两国的军事交锋便不可避免地发生了。

前633年冬，楚成王率领楚、郑、陈、蔡等多国军队进攻宋国，围困宋都商丘；宋国的司马公孙固到晋国告急求援。于是文公和群臣商量是否出兵及如何救宋。大夫先轸力劝晋文公出兵救宋，他认为，救宋既能够『取威定霸』，又报答了以前晋文公流亡到宋国时，宋君赠送车马的恩惠。但是宋国不靠近晋国，劳师远征救宋，必须经过楚国的盟国曹、卫；而且楚军实力强大，正面交锋也恐怕难以取胜。晋国的狐偃针对这一情况，建议晋文公先攻曹、卫两国，那时楚国必定移兵相救，那样宋之围便可解除。晋文公采纳了这一建议。尽管如此，晋国感到真正的敌人是楚国，要对付如此强大的敌人，必须进行较充分的准备。晋国按照大国的标准，扩充了军队，任命了一批比较优秀的贵族官吏出任军队的将领。

经过一段时间的准备，晋文公于前632年1月，将军队集中在晋国和卫国的边境上，借口当年曹共公侮辱过他，要求假道卫国进攻曹国，遭到卫国拒绝。晋文公迅速把军队调回，绕道从现河南汲县南黄河渡口渡河，出其不意地直捣卫境，先后攻占了五鹿及卫都楚丘，占领了整个卫地。晋军接着又向曹国发起了攻击，三月间，攻克了曹国都城陶丘（今山东定陶），俘虏了曹国国君曹共公。

晋军攻占了曹、卫两国，但楚军却依然用全力围攻宋都商丘，宋国又派门尹般向晋告急求救。晋文公开始感到左右为难了。不出兵救宋吧，宋国国力不支，一定会降楚绝晋；出兵吧，自己兵力单薄，没有必胜的把握，何况直接与楚发生冲突，会背忘恩负义之名。（文公当初流亡路过楚国时，楚成王招待他非常周到，不仅留他住了几个月，最后还派人护送他到秦国。）这时，先轸分析了楚与秦、齐两国的矛盾，建议让宋国表面上同晋国疏远，然后由宋国出面，送一份厚礼给齐、秦两国，由他们去请求楚国撤兵，晋国则把曹共公扣押起来，把曹、卫的土地赠送给宋国一部分。楚国同曹、卫本是结盟的，看到曹、卫的土地为宋所占，必定会拒绝齐、秦的劝解。这样楚国就将触怒齐、秦，他们就会站在晋国一边，出兵与楚作战。晋文公对此计十分赞赏，且马上施行。楚国果然上当中计，拒绝了秦、齐的调停。而齐、秦见楚国不听劝解，大为恼怒，便出兵助晋。齐、秦的加盟，使晋、楚双方的力量对比发生了根本性的变化。

楚成王

春秋时楚国国君，芈姓，名頵（一作恽），楚文王少子。前672年，杀其兄楚王堵敖而自立，晋文公逃到过楚国，前638年，宋襄公攻楚，楚成王胜。前628年，楚被困，楚成王自杀。

楚成王看到齐、秦与晋联合，形势不利，就令楚军从前线撤退到楚地申，以防秦军出武关袭击它的后方。同时命令戍守谷邑的大夫申叔迅速撤离齐国，命令尹子玉将楚军主力撤出宋国。子玉对楚成王回避晋军很不满意，他对成王说：『你过去对晋侯那么好，他明明知道曹、卫是楚的盟国，与楚的关系密切，而故意去攻打它，这是看不起你。』楚成王说：『晋侯在外流亡了十九年，遇到很多困难，而最后终于能够回国取得君位，他尝尽艰难，充分了解民情，这是上帝给他的机会，我们是打不赢他的。』但是子玉却骄傲自负，听不进楚成王的劝告，仍要求楚王允许他与晋军决战，并请求增加兵力。楚成王勉强同意了他的请求，但不肯给他多增加兵力，只派了少量兵力去增援他。于是，子玉以元帅身分向陈、蔡、许、郑四路诸侯发出命令，相约共同起兵。他的儿子也带了六百家兵相随。子玉自率中军，以陈、蔡二路兵将为右军，许、郑二路兵将为左军，风驰雨聚，直向晋军扑去。

子玉逼近晋军后，为了寻求决战的借口，派使者宛春故意向晋军提出了一个『休战』的条件：晋军必须撤出曹、卫，让曹、卫复国，楚军则解除对宋都的围困，从宋国撤军。中军元帅先轸提出一个将计就计的对策，以曹、卫与楚国绝交为前提，私下答应让曹、卫复国；同时，扣押楚国的使者，以激怒子玉来战。晋文公采纳了他的计策。子玉得知曹、卫叛己，使者又被扣，便恼羞成怒，倚仗着楚国的优势兵力，贸然带兵扑向晋军，打算决战。

晋文公见楚军来势凶猛，就命令晋军后撤，以避开它的锋芒。有些将领不理解文公的意图，问文公：『没有交手，为什么就后退呢？』文公说：『我以前在楚的时候曾对楚王说过，如果晋楚万一发生了战争，我一定退避三舍。我是遵守诺言的。』实际上，晋军的『避退三舍』，是晋文公图谋战胜楚军的重要方略。晋军『避退三舍』（九十里）后，退到了卫国的城濮，这里距离晋国比较近，后勤补给、供应方便，又便于齐、秦、宋各国军队会合；在客观上，『避退三舍』也能起到麻痹楚军、争取舆论同情、诱敌深入、激发晋军士气等多重作用，将晋军的不利因素变为了有利因素，为夺取决战胜利奠定了基础。

晋军退到城濮停了下来。这时，齐、秦、宋各国的军队也陆续到达城濮和晋军会师。晋文公检阅了军队，认为可以与楚军决战。这时，楚军追了九十里也到达城濮，选择了有利的地形扎下营。随后就派使者向晋文公挑战。晋文公很有礼貌地派了晋使回复子玉说：『晋侯只因不敢忘记楚王的恩惠，所以退避到这里。既然这样仍得不到大夫（指子玉）的谅解，那也只好决战一场了。』于是双方约定了开战的时间。

前632年4月4日，晋楚两军决战开始。晋军针对楚军中军强大、左右翼军薄弱的部署特点，和楚军统帅子玉骄傲轻敌、不谙虚实的弱点，发起了有针对性的攻击。晋下军佐将胥臣把驾车的马蒙上虎皮，出其不意地首先向楚军中战斗力最差的右军——陈、蔡军进攻，陈、蔡军遭到这一突然而奇异的进攻，惊慌失措，弃阵逃跑，楚右翼就这样迅速崩溃了。

晋军同时也把进攻的矛头指向楚左军。晋上军主将狐毛在指挥车上故意竖起两面镶有彩带的大旗，非常醒目，远远就可望见。狐毛和许、郑联军一接触，就故意败下阵来。在逃跑时，在车的后面拖了很多树枝，树枝刮起的尘土，遮天蔽日，给在高处观阵的子玉造成了错觉，以为晋军溃不成军了，于是急令左翼部队奋勇追杀。晋中军元帅先轸等见楚军已被诱至，便指挥中军横击楚军，晋上军主将狐毛回军夹击楚左军。楚左军退路被切断，陷入重围，基本就歼。子玉见左右两翼军都已失败，急忙下令收兵，才保住中军，退出战场。城濮之战最终以晋胜楚败而告终。

原文 **善用兵者，役不再籍**①，**粮不三载**②。曹操曰：籍，犹赋也。言初赋民，便取胜，不复归国发兵也。始用粮，后遂因食于敌，还兵入国，不复以粮迎之也。**取用于国**③，**因粮于敌**④，**故军食可足也。**曹操曰：兵甲战具，取用于国中，粮食则因敌也。

诸葛亮造木牛流马

诸葛亮六出祁山时，粮草供应不足。诸葛亮才思过人，冥想几日后，造出了木牛流马，用来运送粮草，有效地补给了军需。

国之贫于师者远输⑤，远输则百姓贫。近于师者贵卖⑥，贵卖则百姓财竭，曹操曰：军行已出界，近于师者贪财，皆贵卖，则百姓虚竭也。财竭则急于丘役⑦。力屈、财殚，中原内虚于家⑧。百姓之费，十去⑨其七；曹操曰：丘，十六井也。百姓财殚尽而兵不解，则运粮尽力于原野也。十去其七者，所破费也。公家之费⑩，破车罢马⑪，甲胄矢弩⑫，戟楯蔽橹⑬，丘牛大车⑭，十去其六。曹操曰：丘牛，谓丘邑之牛；大车，乃长毂车也。

故智将务食于敌⑮，食敌一钟⑯，当吾二十钟；萁秆一石⑰，当吾二十石。曹操曰：萁，豆秸也；秆，禾稿也。石，百二十斤也。转输之法，费二十石乃得一石。

注释 ①役不再籍：意谓不二次从国内征集兵员。役，兵役。籍，本义为名册，此处用为动词，即登记、征集。再，二次。②粮不三载：即不多次从本国运送军粮。三，多次。载，运送。③取用于国：指武器装备等从国内取用。④因粮于敌：粮草给养依靠在敌国就地解决。因，依靠、凭藉。⑤国之贫于师者远输：此句意谓国家之所以因用兵而导致贫困，是由于军粮的远道运输。之，虚词，无实义。师，指军队。远输，远道运输。⑥近于师者贵卖：意谓临近军队驻扎点地区的物价会飞涨。近，临近。贵卖，指物价飞涨。⑦急于丘役：急，在这里有加重之意。丘役，军赋，古代按丘为单位征集军赋，一丘为一百二十八家。⑧中原内虚于家：此句意谓国内百姓之家因远道运输而变得贫困、空虚。中原，此处指国中。⑨去：耗去、损失。⑩公家之费：公家，国家。费，费用、开销。⑪破车罢马：罢马，疲惫不堪的马匹。罢，同『疲』。⑫甲胄矢弩：甲，护身铠甲。胄，头盔。矢，箭。弩，弩机，一种依靠机械力量射箭的弓。⑬戟楯蔽橹：是对当时攻防兵器与装备的泛指。戟，古代戈、矛功能合一的兵器。楯，同『盾』，盾牌，用于作战时防身。蔽橹，用于攻城的大盾牌。⑭丘牛大车：丘牛，从丘役中征集来的牛。大车，指载运辎重的牛车。⑮智将务食于敌：意谓明智的将帅总是务求就食于敌国。智将，明智的将领。务，务求、力图。⑯钟：古代的容量单位，每钟六十四斗。⑰萁秆一石：萁秆，泛指马、牛等牲畜的饲料。石，古代的容量单位，三十斤为一钧，四钧为一石。

譯文

善于用兵的人，兵员绝不一再征集，粮草不会多次运送。武器装备由国内取用，粮食饲料则在敌国补充，这样，军队的武器粮草供应就可满足作战需求了。

战争致使国家陷于贫穷的主要方面是向出征部队远程运送物资，远程运输必然导致百姓的贫穷。临近军队驻地的地区，物价必然高涨，物价高涨就会使百姓财力枯竭。

国家财力枯竭，就必然导致加重徭役赋税的征用。军力耗尽，财力枯竭，国内便会出现十室九空、普遍的贫穷。人民群众的财产将因战争而耗去十分之七；国家的财富也会由于车辆的损坏，马匹的疲劳生病，盔甲服装、箭羽弓弩、枪戟盾牌、车蔽大橹的制造补充而耗去十分之六。

所以，高明的将帅总是力求在敌国解决粮草的供应问题。吃掉敌国的一钟粮食相当于从本国运送二十钟粮食；耗费敌国的一石草料等于从本国运送二十石草料。

释例三 『粮不三载』：春秋时期，军队出征时，载粮送至国境；至凯旋时，则载粮以迎之于国境。仅此两次，没有第三次，因为到敌国，必须『因粮于敌』。

原文 **故杀敌者，怒也**①；曹操曰：威怒以致敌。**取敌之利者，货也**②。曹操曰：军无财，士不来；军无赏，士不往。**故车战，得车十乘已上**③，**赏其先得者**。曹操曰：以车战能得敌车十乘已上，赏赐之。不言车战得车十乘已上者赏之，而言赏得者何？言欲开示赏其所得车之卒也。陈车之法：五车为队，仆射一人；十军为官，卒长一人；车满十乘，将吏二人。因而用之，故别言赐之，欲使将恩下及也。或曰：言使自有车十乘已上与敌战，但取其有功者赏之，其十乘已下，虽一乘独得，余九乘皆赏之，所以率进励士也。**而更其旌旗**④，曹操曰：与吾同也。**车杂而乘之**⑤，曹操曰：不独任也。**卒善而养之**⑥，**是谓胜敌而益强**⑦。曹操曰：益己之强。

注释 ①杀敌者，怒也：言军队英勇杀敌，关键在于激励部队的士气。怒，激励士气。

②取敌之利者，货也：此句意谓若要使军队勇于夺取敌人的财物，就要先依靠财货奖赏。利，财物。货，财货，此处指用财货奖赏的意思。③已上：即『以上』。已，同『以』。④更其旌旗：此句意谓在缴获的敌方车辆上更换上我军的旗帜。更，更换。⑤车杂而乘之：此句意谓将缴获的敌方战车和我方车辆混杂在一起，用于作战。杂，掺杂、混合。乘，驾、使用。⑥卒善而养之：言优待被俘的敌军士兵，使之为己所用。卒，俘虏、降卒。⑦是谓胜敌而益强：这就是说在战胜敌人的同时使自己更加强大。

譯文 要使士兵英勇杀敌，就应该激起他们对敌人的仇恨；要想夺取敌人的军需物资，就要对争先的士卒进行物质奖励。所以，在车战中，凡是缴获敌人战车十辆以上的，就要奖励最先夺得战车的人；并且将被缴敌车换上我军的旗帜，混合编入自己的战车行列。对于被俘虏的敌军士卒，要善待他们且保证给予他们充足的供养，为我所用。这就是所谓的战胜敌人也使自己更为强大了。

釋例四 前279年，燕国攻破齐国。田单保即墨，便宣扬说：『我们只是怕燕军把所俘虏的齐兵的鼻子割掉，把他们排列在队伍的前头，来和我们作战，那么即墨是非垮不可了。』燕国人听了，就照着做了。城中人看到那些投降的齐国人，鼻子都被割掉了，军民上下都愤怒异常，守城之志更加坚决，惟恐被燕军所捉。

田单再一次施展反间计，说：『我们怕燕国人挖掘我们城外的那些坟墓，辱及祖宗的灵骨，这可是我们一想到都胆战心惊的。』

乐毅济上劳军

乐毅，中山灵寿人，战国后期杰出的军事家，辅佐燕昭王振兴燕国，报了强齐伐燕之仇。乐毅少年聪颖，喜好兵法，深得赵人推崇。赵武灵王时，本在魏国都城大梁做大夫，后得燕昭王赏识。当时齐国内乱，乐毅入临淄，取宝物、祭器，输之于燕。燕王亲至济上劳军，行赏飨士，并封乐毅为上将军。

燕国人把所有的坟墓全部挖开，焚烧那些尸骨。即墨人从城头上望见那情景，都不禁痛哭失声，涕泪纵横，一致要求出城决一死战，敌我不两立之心，自是十倍于前。田单乘燕军防守松懈的机会，大举出击，把敌人打得大败。尽收复沦亡的七十多座城。

原文

故兵贵①胜，不贵久。 曹操曰：久则不利。兵犹火也，不戢将自焚也。

故知兵之将②，生民之司命③，国家安危之主④也。 曹操曰：将贤则国安也。

注释

①贵：重在、贵在。②知兵之将：指深刻理解用兵之法的优秀将帅。知，认识、了解。③生民之司命：生民，代指一般民众。司命，星名，传说主宰生死，此处引申为命运的主宰。④国家安危之主：国家安危存亡的主宰者。主，主宰之意。

譯文

所以，用兵打仗贵在速战速决，而不宜久拖不下。

懂得用兵之道的将帅，是民众生死的掌握者，是关乎国家安危最重要的角色。

释例五（一）前284年，燕昭王尽起燕兵，任乐毅为上将军。乐毅总领赵、楚、韩、魏、燕诸国之兵攻打齐国，并且在济水打败了齐国。各国诸侯收兵返国，惟独燕军在乐毅率领下追击不舍，直逼到临淄城下。齐愍王败于济西，没法抵抗而逃走，退守莒城。后来乐毅攻入临淄，将齐国的珍宝、财物、祭器等悉数掠取，并运送到燕国。燕昭王颇为欢喜，亲自到济上劳军犒赏将士并宴飨他们，将昌国地方封给乐毅，号称昌国君。于是，燕昭王收集了在齐所掠取的器物归国，而命令乐毅继续用力攻取、平定其余的齐国城邑。乐毅在攻下齐国的首都临淄后，采取速战战术，仅用半年就攻取了齐国七十余城。

（二）1519年6月，明宗藩宁王朱宸濠起兵叛乱。7月，朱宸濠亲率6万大军出鄱阳湖，蔽江东下。临行前，命令宜春郡王等留守南昌。朱宸濠指挥叛军直趋安庆城下，安庆危在旦夕。此时，汀赣巡抚、全都御史王守仁率各府州兵8万人行至丰城，得知安庆告急，马上召集众将会商军事。会上，推官王晖对大家说：『宁王攻打安庆，连日不能下，表明他兵疲气沮。如果此刻率大军前往救援，与安庆守兵前后夹击，必能取胜。在安庆打败朱宸濠之后，南昌城唾手可得。』听了王晖的分析，众将议论纷纷，有人赞同，有人反对。

王守仁反驳了王晖的观点，他说：『试想我军欲救安庆，一定要越过叛军镇守的南昌，困难情形暂且不说，就是到了安庆与朱宸濠相持江上，势均力敌，胜负也未可知，况且安庆守军经过数日激战，一定疲惫不堪，不足为我援应。倘若此时南昌之敌出我军背后，绝我饷道，南康、九江的敌人趁机谋我，使我军腹背受敌，岂不自蹈危地吗我认为，不如首先攻打叛军的老巢南昌。宁王的精锐之师都已蔽江东下，南昌的守军一定很单弱。而我军新集，气势正盛，不难攻破南昌。宁王得知南昌危急，必定不肯坐失巢穴，必然会还兵自救，安庆之围自可解除。等朱宸濠回到南昌，我军已把城夺下，这样一来，叛军的士气会很低落。我军再乘势攻击，必可大获全胜。』听了王守仁深入细致的分析，王晖和众将官都心悦诚服，一致赞同攻打南昌。

正当王守仁临行之际，有侦骑来报：叛军在南昌城南预置伏兵，作为城援。王守仁马上派5000骑兵，连夜出发，从间道潜行，掩袭叛军伏兵。王守仁率大军来到南昌城下，即刻发动进攻。果然不出王守仁之所料，南昌叛军势单力孤，渐渐不支。城南的伏兵欲来相救，却被王守仁预派的5000骑兵冲得落花流水，四散溃逃。几天后，王守仁攻克了宁王的老巢南昌。此时的宁王日夜督军进攻安庆，但由于守军顽强抵抗，战争没有任何进展。南昌失守的消息让他大惊失色，急令撤兵还救南昌。

李士实进谏说：『现在救援南昌恐怕已经来不及了。我们应当一不作、二不体，立即起兵径取南京。』

朱宸濠沉吟半晌，才说道：『南昌乃我之根本，金银钱谷，积储颇多。我无论如何要夺回南昌。』李士实看朱宸濠主意已定，只好作罢。

朱宸濠率军登舟，溯江而上，还救南昌。王守仁先将叛军的先锋船队引进埋伏圈，然后出奇兵大败叛军。朱宸濠增兵再战王守仁，结果再次吃了败仗。朱宸濠并不甘心，收拢各部舟船，在江面上联结成一个方阵，以求固守。王守仁见状，便决定用火攻。朱宸濠万万没有料到，王守仁的一把大火将他的船队烧成灰烬。

在安庆被围的危急时刻，王守仁采取『围魏救赵』的办法，率军急攻南昌，不仅迫使朱宸濠撤兵还救，解除了安庆之围，而且还攻占了叛军的根据地，使叛军士气衰落、连连战败，最后以致全军覆没。

結語

本篇以速战速决思想为中心，反复陈述久战之害。军粮，主张『因敌』。『军以粮为本，兵以奇正为始，器械为用，委积为备』（诸葛亮语）。作战贵在速战速决，中外不乏其例：俄国著名的军事统帅苏沃洛夫把军队的迅速机动和闪电般的突击，说成是真正的战争灵魂——『一分钟决定战斗结局，一小时决定战局胜负，一天决定帝国的命运。』战国时期，燕昭王在乐毅大将军辅佐下，用二十八年时间励精图治，复国报仇，在攻下齐国首都临淄以后，采取速战战术，仅用半年就攻取了齐国七十余城。

兵法與商道

钟华生借天下之财为我所用

孙子认为，战争会大大消耗社会财富，一旦用兵，『日费千金』。因此，他主张『取用于国，因粮于敌』，采用以战养战的策略，以自己最小的代价，换取最大的利益。

珠海市西区区长钟华生为当地引进数亿资金的成功之举可以说是『取用于国，因粮于敌』的经典范例。1984年，在全国银根紧缩的时候，他就构筑了『天下之财力我所用』的思想。

当时，举国上下进行改革开放，中央、省、市领导对珠海建设十分关心，并积极支持。这对于有头脑、有眼光、敢于开拓、勇于进取的人来说无疑是个良机。钟华生正是这样的人，他善于识机，认为现在正是吸引外部资金，开展当地经济建设的好时机，自己应该充分利用。为了使当地荒凉的土地产生财富，他不惜先让利、多让利、让长利，吸引了很多投资者。而投资者多了，必然带来人旺，人旺必然会带来地旺，地旺又必然会带来财旺。由于采取了优惠的办法，吸引了大量资金，从而带动了白藤湖旅游、工业、建筑、农业、园林、商业、公路和疏浚等八大行业的发展，联合发展总公司的年产值也由几百万元迅速上升到近亿元。

钟华生善于抓住时机，利用优惠政策与土地资源，采取『先让利，后得利』的方法，吸引大批外部资金为我所用，使当地的经济得到了长远发展。

外贸公司据理拒赔

1980年春，荷兰鹿特丹代理商向我国某省出口公司订购15吨冷冻家禽，规格是去头、去毛和内脏，总计16.5万西德马克。按国际贸易规定，双方在合同书中注明了索赔条款：『中方售出货物均以离岸品质、数量、重量为交货依据。货物在运输途中，如有品质、数量、重量发生损坏或丢失，概由荷方负责。货物到达目的港后，荷方对品质、数量和重量如有异议，并经核实与证明系在装运前发生者，应于到货20天内向中方提出索赔。逾期中方不再受理。一切争议若不能协商解决，提交北京中国国际贸易促进委员会对外贸易仲裁委员会仲裁。』

此后，鹿特丹代理商开来信用证，我出口公司马上办理装运，并提交全套单据，其中有我国商检局出具『本产品加工及冷冻良好，完全适合人类食用』的产品质量检验证书。不料货物抵达目的港，鹿特丹代理商发来急电：『到货有鱼腥味』，并来信说明：『货物到达目的港时品质、包装均系良好，经验关放行后向客户发售，但所有客户严重抱怨食品带有鱼腥气味，其所在地卫生局认为不适合人类食用，禁止出售。我认为，物质在冷冻条件下是没有气味的，也不存在运输途中遭受污染的迹象，不能向航运或保险公司索赔。但解冻融化后出现这种疵病，可以推断家禽系用鱼粉饲养，并且一直到屠宰前为止。』鹿特丹代理商接着寄来当地一所大学实验室的化验报告，证实家禽因喂养鱼粉而有腥味。他建议中方派人到实地复验，还称『因客户皆要求退货、赔偿全部损失，所以即使折扣出售也是根本不可能的。』他最后希望中方按客户要求给予友好解决，否则提交仲裁——『有损中方公司的声誉。』显然，一场索赔纠纷已在所难免。

我出口公司沉着应战，首先弄清了索赔依据是符合法律规定的现有的合同，它是具有法律约束力的主要和唯一依据，同时可作为仲裁机构理赔时公平合理排解争议的基本前提。就本案而言，合同中并没有限制家禽含鱼腥味，对方在开来的信用证中也没有对鱼腥味附加规定，如果依据合同明确权责，那么可使对方陷入被动。

于是我方复照鹿特丹代理商，干脆利落地关上了索赔的协商之门：『我方按合同规定交货，并提供了「适合人类食用」的品质检验证书，故不能同意索赔。』鹿特丹商人既不能推翻『以合同为依据』的普遍原则，又不能在合同中找到把柄，只能在『不准销售』上寻求突围之路。他在来信中称：『去年我公司从其他国家进口这种食品2500吨，为发展与中国的贸易，今年开始订购你公司产品。做生意不是开玩笑，不能因出售有缺陷的产品而违法，冒坐牢的风险，就我所知，不准销售有腥味的家禽在欧洲共同体各国都适用。我不相信你公司会长期出售有腥味的家禽，更不相信这种有缺陷的食品能卖给欧洲其他国家。因此，我不能接受这批货物，为保持双方业务关系，我可以同意调换新货，但由此产生的一切费用和损失应由你公司承担。冷藏昂贵，费用不断增加，望迅速答复。』代理商发出此信之后，还与我驻荷兰商务参赞处交涉，不断催促、施压力。

我出口公司经多次研究认为，据理可不必承担责任，但对方在当地出售可能的确有困难，为友好地解决此案，决定在表示拒赔的同时，介绍一瑞士客商，建议对方与之联系转售。鹿特丹商人接到我方建议后，一面同意转售办法，一面以『不适合人类食用』为由要求我方赔偿损失八万马克。这说明他不打算用友好方式解决问题，想用无理纠缠获取额外收益。然而鱼腥味并不影响人类食用，瑞士客商乐意接受就是证明。由此可以肯定，我方货物是完全符合商销品质的，不必承担此责任。

还有，中国商检局的『完全适合人类食用』的证书是有效的官方证明文件，而对方提供的化验报告不属于『有资格的公证人』签发的文书，不具备法律上的反证效用。鹿特丹代理商没有再提出付诸仲裁也表明了心虚。基于此，我方复信申明严正态度：『必须再次指出，我方不能接受你的退货要求，也没有义务承担你经营损失，因为我方所装货物符合合同规定，适合人类食用，有中国商检局证书为凭。鉴于你声称销售有困难，出于好意为你介绍瑞士客户，而你竟提出赔偿销售损失和费用，这是完全没有道理的，因而也是不可能接受的。』『至于货物中有一部分带有鱼腥味，这是国际市场也是我方供货的通常品质。我们供给你的货物与供给其他客商的货物品质是相同的。其他客商认为品质良好，销量逐年增加，更没有因带有鱼腥味而称「不适合人类食用」，因此我们按合同规定供货是无可指责的。』『你方在到货之后突然对鱼腥味提出异议，显然不符合公认的国际贸易惯例。合同一经签订，双方都要受其条款的约束，任何一方都无权超越合同的规定，不能单方提出要求约束另一方。

为此再次明确告诉你方，不能接受你方的索赔，也不同意你方提出退款和偿付损失的要求。从你方自身利益考虑，建议你方火速为该批货物自寻出路。』退路全被堵死，借口全被驳去，鹿特丹代理商除如数接收货物、撤回索赔之外别无选择。中方为维护双方的贸易交往，在后续的生意中给了他4000马克的优惠，也促使本案不了了之。

谋攻篇第三

【原文】

孙子曰：凡用兵之法：全国为上，破国次之①；曹操曰：兴师深入长驱，距其城郭，绝其内外，敌举国来服为上；以兵击破，败而得之，其次也。〇李筌曰：不贵杀也。韩信虏魏王豹，擒夏说，斩成安君，此为破国者。及用广武君计，北首燕路，遣一介之使，奉咫尺之书，燕从风而靡，则全国也。〇贾林曰：全得其国，我国亦全，乃为上。**全军为上，破军次之；**杜牧曰：《司马法》曰：『一万二（五）千五百人为军。』〇何氏曰：降其城邑，不破我军也。**全旅为上，破旅次之；**曹操曰：五百人为旅。**全卒为上，破卒次之；**曹操曰：一旅（校）已下（上），至一百』人也。〇李筌曰：百人已上为卒。〇杜佑曰：一校下至百人也。**全伍为上，破伍次之②。**曹操曰：百人已下至五人。〇李筌曰：百人已下为伍。〇杜牧曰：五人为伍。〇何氏曰：自军至伍，皆次序上下言之。此意以策略取之为妙，不惟一军，至于一伍，不可不全。**是故百战百胜，非善之善者也③；**曹操曰：未战而战自屈胜善也。〇李筌曰：以计胜敌也。〇杜佑曰：未战而敌自屈服。〇梅尧臣曰：恶乎杀伤残害也。〇张预曰：战而后能胜，必多杀伤，故云非善。**不战而屈人之兵，善之善者也④。**曹操曰：未战而敌自屈服。〇杜牧曰：以计胜敌。〇陈皞曰：韩信用李左车之计，驰咫尺之书，不战而下燕城也。〇孟氏曰：重庙胜也。〇王皙曰：兵贵伐谋，不务战也。〇张预曰：明赏罚，信号令，完器械，练士卒，暴其所长，使敌从风而靡，则为大善，若吴王黄池之会，晋人畏其有法而服之者是也。

【注释】

①全国为上，破国次之：此句说以实力为后盾，迫使敌方城邑完整地降服为上

策，而通过战争交锋，攻破敌方城邑则稍差一些。全，完整。国，春秋时，主要指都城，或者还包括外城及周围的地区。破，攻破、击破。②军、旅、卒、伍：春秋时军队编制单位。一万二千五百人为军，五百人为旅，一百人为卒，五人为伍。③非善之善者也：不是好中最好的。④不战而屈人之兵，善之善者也：此句说不战而使敌人屈服，才能说是高明中最高明的。屈，屈服、降服。

譯文 孙子说：衡量战争胜多胜少的一般原则是：以能使敌国完整无损地降服于我为上策，而攻破敌国使其残缺受损便略逊一筹了；能使敌人一军一万二千五百将士完整无损全员降服为上策，而用武力击败敌人一个军便略逊一筹了；能使敌人一旅五百人将士完整无损全员降服为上策，而用武力击败敌人一个旅便略逊一筹了；能使敌人一卒官兵全员降服为上策，击溃一卒兵众就差一等了；能使敌人一伍士卒全员降服为上策，击溃一伍士卒就差一等了。所以，百战百胜，虽然高明，但不是最高明的；不用武力进攻就能使敌人降服，才是高明之中最高明的。

釋例一（一）前597年的春天，楚庄王亲自率大军围攻郑国，打下了郑国都城。后来，晋军元帅荀林父率兵援救郑国，但是，晋军的将领对是和是战议论不决。后来，由于晋军上下没能协调一致，被楚军抓住了机会。楚军攻下郯地而获得大胜。楚庄王的霸主地位也由此建立起来。

经过这一战，地处『蛮荒』的楚国战败了中原的强敌晋国，楚军将士们欣喜若狂。大夫潘党也万分高兴，他向楚庄王提议：『这一仗，我们楚军大获全胜，杀得晋军尸横遍野，威震中原各国诸侯。大王何不趁此机会，把晋军的尸体堆积起来，然后在尸体上筑起高台，用以宣扬楚国的武功，扬我国威？』楚庄王听完，笑着对他说：『大夫所说的不太合适，这样做不妥啊！』说着，他拔出宝剑，在地上写了个『武』字，然后对潘党说：『你看，这个「武」字不就是「止」和「戈」两个字合起来的吗！周武王当年推翻了商王朝，建立起周王朝之后，曾经写过一篇《武》文和一首《颂》诗，昭示全国说：讨伐的目的只是为了实现天下太平。我如今动用武力，初衷就是为了惩罚强暴，平息战争，安抚百姓，我如果堆尸筑台，那就是炫耀强暴，不得人心啊！』潘党听了楚庄王的话之后，连连称赞：『大王真是仁德之君，果然高明，为臣深表敬佩！』于是，楚庄王率领楚军到黄河边上祭祀了河神，然后就班师回国了。

（二）前205年，韩信偷偷地渡过黄河，攻打魏的首都安邑。魏王豹大为吃惊，就带了兵来抵抗韩信，在毫无准备的情况下，魏大败，魏王豹被韩信俘虏。于是，韩信平定了魏，改为河东郡。第二年，汉王派张耳跟着韩信带兵东征，向北攻打赵王歇及守在代地的成安君陈余。韩信打败了代地的部队，在阏与这地方，活捉了代相夏说，接着大破赵军，斩了陈余，活捉了赵王歇。这都是破敌之国。平定了赵国之后，韩信用广武君李左车的计策，派人到燕国去，燕国人听到了消息，立刻投降。韩信令燕人以国降，是为上策；打败魏、赵，是次策。

韩信

韩信出身于没落的贵族，由于萧何的赏识，韩信得到了刘邦的重用，成为了西汉的开国功臣。他是中国历史上杰出的军事家、战略家。

（三）1232年，蒙古军将领速不台在攻打汴京时遭到金朝将士顽强的抵抗，久攻不下。速不台恼羞成怒，便奏请太宗窝阔台，请求按照惯例，破城之后进行屠城。耶律楚材连忙上奏：『将士们征战在外数十年，所争夺的无非是土地和人民，如今得到了土地而斩杀了百姓，有什么用呢？』窝阔台一时难以决断。耶律楚材复奏：『各行业的能工巧匠以及达官显贵，都集中在城中，如果屠城则一无所获，虽然打了胜仗，也是徒劳。』窝阔台这才同意他的建议，使得汴京城内百万生灵免遭灾祸。

（四）明朝永乐年间，明政府派到贵州去驻守的都督马烨利用职权残暴对待少数民族，激起少数民族的强烈反抗。彝族女土司奢香率人到京城告状。明成祖听其泣诉，以同情的口吻说：『马烨身为朝廷命官，为乱扰民，罪该万死。但我为你除了马烨，你们以什么报答我呢？』奢香见成祖答应斩杀仇人，立即上前再三叩头致谢，并说：『蒙皇上明察，小民衔恩心怀，由此以后，彝人保证世世代代再不敢犯上作乱。』成祖笑道：『百姓安心守业，谨守君臣之道，尊奉朝廷，这是你们的本分。怎能以此作为报答呢？』奢香见成祖如此强傲，不敢推脱诿事，只好说：『贵州东北有一通向巴蜀小道，皇上为我们报仇雪恨，我们愿开通此路，方便官府驿使驰往，以报答圣上慈恩。』

奢香辞谢成祖，即日回程，组织彝汉边民重新修通由云贵至四川的山路。马烨不久被成祖召回京都，借口扰民勒索，致乱国家，被公开斩首示众。马烨被杀之后，明成祖对左右说：『马烨都督贵州，为朝廷尽忠守边，卓有功勋，但如果不斩，贵州一方无以为安。』故明成祖能以微小代价换取全局的安定。

原文

故上兵伐谋①，曹操曰：敌始有谋，伐之易也。○孟氏曰：九攻九拒，是其谋也。○杜佑曰：敌方设谋欲举众，师伐而抑之，是其上。故大公云，『善除患者，理于未生；善胜敌者，胜于无形』也。○梅尧臣曰：以智胜。○王皙曰：以智谋屈人最为上。○何氏曰：敌始谋攻我，我先攻之，易也。揣知敌人谋之趣向，因而加兵，攻其彼心之发也。**其次伐交**②，曹操曰：交，将合也。**其次伐兵**③，曹操曰：兵形成也。**其下攻城**。曹操曰：敌国已收其外粮城守，攻之为下也。**攻城之法**④**为不得已**⑤，**修橹轒辒**⑥，**具器械**⑦，**三月而后成；距闉**⑧，**又三月而后已**⑨。曹操曰：修，治也。橹，大楯也。轒，辒者，轒，床也；轒，床其下四轮，从中推之至城下也。具，备也。器械者，机关攻守之总名，飞楼云梯之属。距闉，者，踊土积高而前，以附其城也。**将不胜其忿而蚁附之**⑩，**杀士三分之一，而城不拔者**⑪，**此攻**⑫**之灾**

也。曹操曰：将忿不待攻城器，而使士卒缘城而上，如蚁之缘墙，杀伤士卒也。○李筌曰：将怒而不待攻城，而使士卒肉薄登城，如蚁之所附墙，为木石所杀之者，三有一焉，而城不拔者，此攻之灾也。○贾林曰：但使人心外附，士卒内离，城乃自拔。○杜佑曰：守过二时，敌人不服，将不胜心之忿，多使士卒蚁附其城，杀伤我士民三分之一也。言攻趣不拔，还为己害。故韩非曰：『夫一战不胜，则祸（过）暨矣。』○何氏曰：将心忿急，使士卒如蚁缘而登，死者过半，城且不下，斯害也已。○张预曰：攻逾二时，敌犹不服，将心忿躁，不能持久，使战士蚁缘而登城，则其士卒为敌人所杀三中之一，而坚城终不可拔，兹攻城之害也已。或曰：将心忿速，不俟六月之久，而亟攻之，则其害如此。

注釋 ①上兵伐谋：此句意谓用兵的最高境界是用谋略战胜敌人。上兵，上乘用兵之法。伐，进攻、攻打。谋，谋略。伐谋，以谋略攻敌赢得胜利。②其次伐交：意谓当时的外交战争，主要表现为运用外交手段瓦解敌国的联盟，扩大、巩固自己的盟国，孤立敌人，迫使其屈服。交，交合，此处指外交。伐交，即进行外交战争以争取主动。③伐兵：通过军队之间的交锋一决胜负。兵，军队。④法：办法、做法。⑤为不得已：言实出无奈而为之。⑥修橹轒辒：制造大盾和攻城的四轮大车。修，制作、建造。橹，藤革等材料制成的大盾牌。轒辒，攻城用的四轮大车，用桃木制成，外蒙生牛皮，可以容纳兵士十余人。⑦具器械：意谓准备攻城用的各种器械。具，准备。⑧距闉：为攻城做准备而堆积的土山。距，通『具』，准备。闉，通『堙』，土山。⑨已：完成、竣工之意。⑩将不胜其忿而蚁附之：胜，克制、制服。忿，愤懑、恼怒。蚁附之，指驱使士兵像蚂蚁一般爬梯攻城。⑪杀士三分之一，而城不拔者：杀士三分之一，即使三分之一的士卒被杀。士，士卒。拔，攻占城邑或军事据点。⑫攻：此处指攻城。

譯文

所以说，用兵作战的最高追求是用谋略战胜敌人，其次是运用外交手段取得胜利，再次是用军事手段去夺取胜利，攻打敌国城池是最差的选择。采用强攻城池的战术，是不得已而为之。要攻打敌人城池，先得制造攻城用的大盾牌和大型战车，准备好各种攻城用的器具，需要数月才能完成；而堆筑攻城用的小土山，又需要几个月的时间才能结束。然后，将领也许难以抑制自己的愤怒，驱逐士兵像蚂蚁一样爬云梯攻打敌城，结果可能是士兵死伤三分之一，而敌城尚未能攻破。这就是攻城可能造成的困难。

刘玄德智取汉中

刘备用孔明计大败曹操，夺取了汉中。

釋例二

（一）战国初年，楚国国君楚惠王想要重新恢复楚国的霸主地位。他加紧扩充军队，要去攻打弱小的宋国。

楚惠王重用了一个非常有本领的工匠。他这个人叫公输般，是鲁国人，也就是被后人称为鲁班的。公输般被楚惠王请去做了大夫。他为楚惠王设计了一种专门用来攻城的工具，叫做云梯。云梯比楼车还高，是攻克城池的理想工具。楚惠王一边命公输般加紧制造云梯，一边着手准备向宋国进攻。楚国制造云梯的消息很快就传扬了出去，各诸侯国特别是宋国，得到楚国要来进攻的消息，更觉得大难临头。

楚国准备伐攻宋的事，引起了很多人的反对。其中反对得最厉害的人是墨子。墨子是墨家学派的开创者，他反对奢侈浪费，主张勤俭治国；他更反对为了争城掠地而使百姓遭到灾祸的混战。当他得知楚国要利用云梯去攻打宋国的消息后，就立刻亲自赶到楚国去，走得脚底磨出了泡，出了血，他就把自己的衣衫撕下来一块裹在脚上继续走。

就这样日夜兼程地奔走了十天，墨子终于到达了楚国的都城郢都。他先去求见公输般，归劝他不要帮助楚国攻打宋国。公输般回绝道：『不行啊，我已答应楚王了。』

于是墨子就请求公输般带他去面见楚惠王，公输般答应了他的请求。见到楚惠王之后，墨子非常诚恳地说『楚国地域辽阔，方圆五千里，可以说地大物博；而宋国的土地不过五百里，物产也不是很丰富。大王您为什么有了华丽贵重的车马，还要去偷别人的破车呢？为什么要抛弃自己的绣花绸袍，去偷人家一件破旧的短褂子呢？』楚惠王听了以后，虽然觉得墨子的话很有道理，但还是不肯轻易放弃伐宋的打算。公输般也认为用

墨子

墨子名翟，战国时期著名的思想家，墨家学派创始人。墨子主要的思想有：兼爱非攻、节用节葬等。

云梯攻克城池很有胜算。

墨子直截了当地对公输般说：『你能攻，我就能守，你占不着什么便宜。』他说着，就解下了腰上系着的皮带，在地上围起来当做城墙，又拿几块小木片当做攻城的工具。他叫公输般来与他演习一下，比一比本领。

公输般使用一种方法攻城，墨子就会采用一种方法守城。公输般用云梯攻城，墨子就用火箭烧云梯；公输般用撞车撞城门，墨子就用滚木礌石砸撞车；公输般挖地道，墨子就用烟熏。公输般使用了九套方案，把所有的攻城方法都用完了，可是墨子还有很多种守城的高招没有使出来。

公输般知道了墨子的厉害，但他心里还不服气，就对墨子说：『我还有一个办法来对付你，但是现在不能说。』

墨子听了微微一笑，说道：『我知道你想用什么办法来对付我，不过我也不说出来。』

楚惠王在一旁听两人说话就好像打哑谜一样，感到莫名其妙，就问墨子：『你们说的究竟是什么？』

墨子回答说：『公输般的意思是把我杀掉，他以为杀了我，就没有人帮助宋国守城了。不过，他打错了算盘。我在来楚国之前，就已经派了禽滑厘带着我的三百个学生去宋国守城了，他们每个人都学会了我全部的守城方法。即使您把我杀了，楚国也还是占不到任何便宜。』

楚惠王听了墨子的这番话，又亲眼看到了墨子守城的本领，心里明白要打败宋国根本没有希望，只好对墨子说：『先生的话说得很有道理，我决定不攻打宋国了。』

一场战争就这样被墨子阻止了。

（二）前204年，韩信破赵斩陈馀。于是向李左车问道：『我想要向北攻打燕国，向东攻打齐国，怎样才能成功？』

李左车说：『将军涉过西河，俘虏了魏王，又捉了夏说，一战便攻破了井陉隘道，不到一个上午打败了二十万赵军，杀了赵相成安君，名闻四海，威震天下。这些都是将军您的长处。然而校尉们十分辛劳，士卒们十分疲乏，实在是很难叫他们再卖力了。现在将军您要是发动这一支疲乏困倦的军队去驻扎到燕国坚固的城下，跟他战斗，恐怕会僵持很久，而且又没有攻下它的力量。这些是将军这方面的短处。现在不如解下盔甲武装，守在赵国，安抚百姓。百里之内的地区，每天都可以送来牛和酒，犒劳您的将士兵卒。而后把部队驻守到通往燕国的路上，接着派一个辩士送一封信，把你军队的长处显示给他看，燕国一定不敢不听从您的命令。用威势把燕国降服了之后，再派人去齐国，齐国也一定会降服的。用兵之道，本来就是先声夺人，虚张声势，而后再动刀兵计策，就是这么办的！』

韩信听了，说：『好极了！』就照李左车的计策，派人到燕国去，燕国果然投降了。

（三）一次，曹操率军进攻壶关（今山西境内），因为该地地险城坚，易守难攻，又加上城中早有准备，所以尽管曹操用尽心机，仍然久攻不下。这时曹操内心焦躁，用鞭直指城头，愤愤地说：『等我打下这座城的时候，要把里面的人都活活埋掉。』曹操的话传到城里，城里的人想：城破之后必死无疑，拼命坚守或许有条生路。所以为了不被活埋，大家便齐心协力，死战守城，斗志反而更加旺盛。弄得曹操愈加不能攻下。

这时身边的曹仁献计说：『城不能围得太紧，不然他们就会拼死反抗，再加城内的粮食又多，如果久攻不下，反会消耗我们自己，不如放条生路，诱使他们投降。』曹操听了觉得很有道理，便下令放开一个缺口，让城里人出来，并传话说：『降者免死』。本来城里的人早已精疲力竭，当他们看到有了生路的时候，精神上的防线立即崩溃，纷纷出来投降。曹操很快攻下壶关。

曹操开始采用『逼』得很紧的办法，带来的却是『反兵』的结果。后来采用『围师必阙』的策略，放松了攻势，很快瓦解了城里人的斗志，使其军心涣散，便很快取得了胜

郭子仪免胄见酋

郭子仪（697—781），华州郑县（今陕西华县）人，祖籍山西汾阳。唐代著名的军事家。武举出身。安史之乱时任朔方节度使，在河北打败史思明。后联回纥收复洛阳、长安两京，功居平乱之首，晋为中书令，封汾阳郡王。代宗时，叛将仆固怀恩勾引吐蕃、回纥进犯关中地区，郭子仪采取了结盟回纥、打击吐蕃的策略，保住了唐朝的江山。

利。可见暂时的放松，有时可收到更显著的效果。

（四）765年，唐代宗下诏命郭子仪领兵往泾阳驻扎。当时，郭子仪只有一万军队。等郭子仪到了泾阳，仆固怀恩联络吐蕃、回纥、党项、羌等西北方部族的军队三十万包围了泾阳。郭子仪派部将李国臣、高升、陈回光等分据一方，亲自率领两千武装骑兵往来策应。回纥人感到奇怪，便问：「这人是谁？」

回答说：「是令公郭子仪。」

回纥人吃了一惊，说：「郭令公还活着吗？因仆固怀恩说：『唐朝皇帝已经去世，郭令公也死了，中国无主。』所以我们就跟着来了。郭令公现在活着，唐天子也在吗？」

回答说：「唐天子非常健康。」

回纥人明白了，说：「仆固怀恩是在欺骗我们啊！」

郭子仪的使者对回纥人说：「过去回纥不远万里来和唐朝一起讨伐大奸大恶的安、史父子，帮助唐朝收复两京，与我们同甘苦共患难，现在你们却不顾过去的友谊，帮助叛臣仆固怀恩，这是多么愚蠢的啊！像仆固怀恩这样背叛朝廷，连自己的母亲都抛弃了的人，对回纥又有什么益处呢？』

回纥人说：『本来传说令公已经去世，不然的话，怎能到这里来动干戈。如果现在郭令公真的还活着，我们可以见一见吗？』

郭子仪就要去见回纥人，左右的官员们劝阻说：『回纥包藏祸心，不可轻易相信。』郭子仪说：『敌人的军队是我们的几十倍，现在力量悬殊，我将向他们表示我的真心诚意。』部下请派五百骑兵随从保护，郭子仪也不同意。

当即令将士们高声传话：『郭令公来了。』回纥剑拔弩张严阵以待。郭子仪只带着几十个骑兵出来，摘下了头盔，会见回纥首领，说：『我和列位同甘苦共患难好长时间了，为什么突然忘记深情厚谊到这种地步啊？』

回纥首领和部将们丢掉武器，下马拜迎说：『果然是我们所尊敬的令公。』郭子仪当即请大家来，一同饮酒，还送给他们锦帛彩缎，表示友好。

（五）783年，成德兵马使王廷凑取深州而叛离朝廷，官军三面进攻，均因衣粮缺乏，不能持久而退。唐德宗赦廷凑罪，授工部尚书。廷凑仍镇军深州城下。诏令兵部侍郎韩愈宣慰廷凑，愈持敕启行，直抵深州。廷凑令军士拔刃张弓，迎愈入馆。愈见甲仗罗列，毫无惧容。廷凑对韩愈说：『多年不解兵事，实皆军士所为，廷凑本心不愿这样做。』

蔺相如

蔺相如是战国时赵国的上卿，是一位胸怀宽广的政治家。当时秦欲吞并六国，蔺相如凭着自己的智慧和勇气使秦的图谋屡次受挫。

愈厉声道：『天子认为尚书有将帅才，故特赐节钺。难道尚书不能与健儿讲清大义吗？』廷凑无话可说了。

甲士上前说道：『先太师（指王武俊）为国击走朱滔，血衣犹在，我军何负朝廷，而视同盗贼呢？』

愈答道：『你们尚能记得先太师，太好了。试想从前叛逆，自禄山、思明，以及元济、师道，所遗子孙，现在还有在朝廷做官的吗？田令公以魏博归朝廷，子孙做高官，刘悟、李愬现在都是节度使，你们难道没听说吗？』众人不能回答。

廷凑恐众心摇动，麾众令出，慢慢地对韩愈说：『侍郎来此，想让廷凑做什么？』

愈说道：『神策六军诸将，如牛元翼才具，本也不少，但朝廷顾全大体，不忍闲置，敢问尚书为何既受朝命，围攻不退？』

廷凑道：『我便当放他出去。』遂即设宴待愈，厚礼遣归，深州围解。

（六）战国时期，赵王得到了一块天下少有的宝玉

『和氏璧』。秦王知道了这件事情以后，就写了封书信，派人去见赵王，说秦国愿意用十五座城池来换和氏璧。

赵王看了信之后，心里很犯难：要是不答应，怕秦国兴兵来讨伐；如果答应，又怕上当。他一时拿不定主意，就和大臣们商议。可是大臣们也想不出好办法来。

大夫蔺相如知道这件事以后，对赵王说：『大王，请让我带着和氏璧去秦国吧，到那以后我会见机行事。如果秦王不肯以十五座城池来交换，我一定会把和氏璧完完整整地带回赵国。』赵王知道蔺相如是个有胆有识的人，就派他去了。

蔺相如带着和氏璧到了秦国，秦王在王宫内接见了他。蔺相如双手捧着和氏璧，献给秦王。秦王拿过来左看右看，爱不释手。他看完之后，又传给群臣一个一个地看，然后又让后宫的美女们看。

蔺相如站在一旁等了许久，也不见秦王提起那十五座城的事，心里就知道秦王根本没有用城换玉的诚意。于是，他走上前去，对秦王说：『和氏璧虽然看着很不错，可是还有一点小毛病，请让我指给大王看。』秦王一听，信以为真，就立即命人把宝玉交给蔺相如。

蔺相如手持和氏璧后退了几步，身子靠在宫殿的柱子上，理直气壮地对秦王说：『当初大王派人送信给赵王，说愿意拿十五座城池来换赵国的和氏璧。赵国大臣们都劝赵王不要相信秦国骗人的话，而我却不这么想，我说普通老百姓尚且讲信义，更何况秦王您这位万乘之君。赵王听了我的话，这才派我带和氏璧过来。可是刚才大王把宝玉随便交给旁人传看，却闭口不提那十五座城池的事。如此看来，大王确实没有以城换玉的诚意。现在宝玉在我手中，如果大王非要逼我，我情愿让自己的头颅与这块宝玉一起撞碎在这根柱子上！』说罢，蔺相如举起和氏璧，对准柱子就要摔过去。

秦王本想命侍卫去抢，可又怕蔺相如真的把玉摔碎，于是连忙向蔺相如道歉，说：『大夫千万不要着急，我说出的话怎么能不算数呢！』说着就命人把地图拿来，指出十五座城的位置，并承诺将这些地方都划给赵国。蔺相如知道秦王不会真的拿城换玉，就对秦王说：『这块和氏璧是天下有名的宝物。我送它到秦国来之前，赵王曾经斋戒了五天，还在朝堂上举行了隆重的仪式。如今大王要接受这块宝玉，也应当斋戒五天，在朝堂上举行接受宝玉的仪式，只有这样，我才能把宝玉献给您。』秦王一口答应下来，然后就派人给蔺相如安排住处。

蔺相如到了公馆之后，就命一个随从乔装打扮，带着和氏璧，偷偷从小道回到赵国去了。

等到举行仪式那一天，蔺相如见了秦王，大大方方地说：『我已派人把和氏璧送回赵国去了。您如果真有诚意的话，就先把十五座城池交给赵国，我马上派人把璧取来，决不食言。不然的话，您杀了我也没有用，天下人都知道你们秦国是从来不讲信用的！』

秦王听了恼羞成怒，本想发兵攻打赵国，可是他知道赵国早已有了准备，怕打不赢，最后只好放蔺相如回到赵国。这件事情就是历史上著名的『完璧归赵』。蔺相如立了大功，赵王封他为上大夫。

几年以后，秦王约赵王在渑池会面。赵王与群臣商议说：『去吧，怕有危险；可如果不去，又显得太懦弱。』蔺相如认为不能对秦王示弱，应当前往，赵王才决定起身，并让蔺相如随行。将军廉颇带着军队护送他们到国界上，做好了抵御秦军的准备。

赵王在渑池会见了秦王。秦王强行要求赵王鼓瑟。赵王没法推辞，就鼓了一段。秦王当即命人记录下来，说在渑池会上，赵王曾亲自为秦王鼓瑟。

蔺相如看到赵王受此侮辱，便走到秦王面前，要求他为赵王击缶，结果被秦王拒绝了。蔺相如说：『你我之间的距离只有五步远，如果您不答应，我就跟您同归于尽！』秦王被逼得没有办法，只好敲了一下缶。蔺相如也立即命人记录下来，说在渑池会上，秦王亲自为赵王击缶。

投井遇叔

苏秦，字季子，东周洛阳人，战国时有名的军事家、纵横家。他出身农家，素有大志，曾随鬼谷子学习纵横捭阖之术。但是第一次出外游说并未成功，落魄回家。家中父母兄嫂甚至妻子都对他不理不睬，苏秦心情郁闷，又愧又气，走到屋外想投井自尽，被叔父给拦住。叔父开导一番，劝他再次出外实现抱负。第二次，苏秦终于名动天下。

秦王在外交上没占到便宜，他也知道廉颇已经在边境上做好了战斗准备，不敢轻举妄动，只好让赵王回去。

释例三 前203年，淮阴侯韩信攻破齐地，请汉王刘邦立他做假王以镇齐。使者谒见汉王时，汉王大怒而责骂韩信，陈平暗地踩了一下汉王的脚，汉王领悟，于是隆重地对待其使者，并派张良立韩信为齐王。前201年，有人上书告楚王韩信要造反。汉高祖问诸将的意见，诸将都说要赶紧发兵。陈平说：『那人上书告韩信欲造反，有没有人知道这事？』高帝说：『没有。』陈平又问：『韩信自己知道吗？』高帝说：『不知道。』陈平又说：『皇帝的精兵和楚兵比起来如何？』高帝说：『不能超过。』陈平又问：『陛下的将领带兵作战有能超过韩信的吗？』高帝说：『比不上他。』陈平又说：『现在陛下的兵士不如楚国精锐，而且将领用兵不及韩信，如果发兵攻伐，这是逼他作战，我为陛下感到不安。』高帝说：『那这事怎么办？』陈平说：『古时天子有巡行天下、会合诸侯的事。南方有云梦泽，陛下装作出游云梦泽，而在陈州会合诸侯。陈州在楚地的西界，韩信听到天子愉快游行，他一定出郊欢迎，并进谒陛下。当他进谒时，陛下即可借机拘捕他，这只是一个力士的事情罢了。』高帝认为有道理，后遂出发。楚王韩信果然郊迎于道中，高帝安排的武士把他拘捕，载在后面的车中。

原文 **故善用兵者，屈人之兵而非战也**①，李筌曰：以计屈敌，非战之屈者。晋将郭淮围麴城，蜀将姜维来救。淮趋牛头山，断维粮道及归路，维大震，不战而遁，麴城遂降。则不战而屈之义也。○梅尧臣曰：战则伤人。○王皙曰：若李左车说成安君，请以奇兵三万人，扼韩信于井烃之策是也。○何氏曰：言伐谋伐交，不至于战。故《司马法》曰：『上谋不斗』。其旨见矣。**拔人之城而非攻也②**，○孟氏曰：言以威刑服敌，不攻而取，若郑伯肉袒以迎楚庄王之类。○梅尧臣曰：攻则伤财。○王皙曰：若唐太宗降薛仁果是也。○张预曰：或攻其所必救，使敌弃城而来援，则设伏取之。若耿弇攻临淄而克西安，胁巨里而斩费邑是也。或外绝其强援以久持之，坐俟其毙，若楚师筑室反耕以服宋是也，兹皆不攻而拔城之义也。**毁人之国而非久也③**，曹操曰：毁灭人国，不久露师也。○杜牧曰：因敌有可乘之势，不失其机，如摧枯朽。沛公入关，晋降孙皓，隋取陈氏，皆不久之。○贾林曰：兵不可久，久则生变。但毁灭其国，不伤残于人；若武王伐殷，殷人称为父母。○张预曰：以顺讨逆，以智伐愚，师不久暴，而敌国灭，何假六月之稽乎！**必以全争于天下④，故兵不顿而利可全⑤，此谋攻之法也⑥**。曹操曰：不与敌战，而必完全得之，立胜于天下，不顿兵血刃也。○李筌曰：以全胜之计争天下，是以不顿收利也。○梅尧臣曰：全争者，兵不战，城不攻，毁不久，皆以谋而屈敌，是曰谋攻。故不钝兵利自完。○张预曰：不战则士不伤，不攻则力不屈，不久则财不费。以完全立胜于天下，故无顿兵血刃之害，而有国富兵强之利，斯良将计攻之术也。

注释 ①屈人之兵而非战也：不采用直接交战的办法而迫使敌人屈服。②拔人之城而非攻也：意谓夺取敌人的城池而不靠硬攻的办法。③毁人之国而非久也：此句言灭亡敌人之国毋需旷日持久。非久，不是旷日持久。④必以全争于天下：此句意谓一定要根据全胜的战略争胜于天下。全，即上言『全国』、『全军』、『全旅』、『全卒』、『全伍』之

『全』。⑤故兵不顿而利可全：顿，同『钝』，指疲惫、挫折。利，利益。全，保全、万全。⑥此谋攻之法也：这就是以谋略胜敌的最高标准。法，标准、准则。

譯文 所以，善于指挥战争的人，降服敌人的军队不是通过战场厮杀的方式，夺取敌人的城池不用强攻的手段，毁灭敌人的国家也不需要旷日持久的征战讨伐。他们务求用完整全面的胜利而称霸于天下，这样自己的军队不至于疲钝折损就已经全面地获得了胜利。这就是以谋略克敌制胜的基本准则。

原文 **故用兵之法：十则围之**①，操曰：以十敌一，则围之，是将智勇等而兵利钝均也。若主弱客强，操所以涪兵围下邳生擒吕布也。○李筌曰：愚智勇怯等，十倍干敌则围之，攻守殊势也。○梅尧臣曰：彼一我十，可以围。**五则攻之**，曹操曰：以五敌一，则三术为正，二术为奇。○李筌曰：五则攻之，攻守势殊也。○杜佑曰：若敌并兵自守，不与我战，彼一我五，乃可攻战也。或无敌人内外之应，未必五倍然后攻。○梅尧臣同杜佑注。○王皙曰：谓十围而取五，则攻者皆势力有余。不待其虚懈也。此以下亦谓智勇利钝均耳。**倍则分之**②，曹操曰：以二敌一，则一术为正，一术为奇。○李筌曰：夫兵者倍于敌，则分半为奇；我众彼寡，动而难制，苻坚至淝水，不分而败，王僧辩至张公洲，分而胜也。**敌则能战之**③，曹操曰：己与敌人众等，善者犹当设伏奇以胜之。○李筌曰：主客力敌，惟善者战。○梅尧臣曰：势力均则战。**少则能逃之**④，曹操曰：高壁坚垒，勿与战也。○李筌曰：量力不如，则坚壁不出挫其锋，待其气懈，而出奇击之。齐将田单守即墨，烧牛尾即杀骑劫，则其义也。**不若**⑤**则能避之**。曹操曰：引兵避之也。○杜

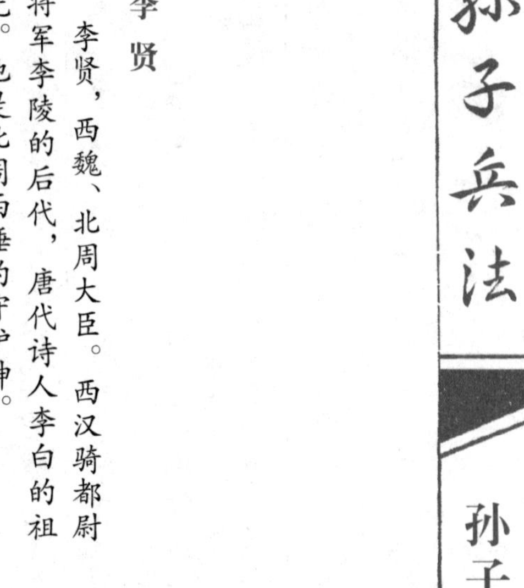

李贤

李贤，西魏、北周大臣。西汉骑都尉将军李陵的后代，唐代诗人李白的祖先。他是北周西陲的守护神。

牧曰：言不若者，势力交援俱不如也；则须速去之，不可迁延也。如敌人守我要害，发我津梁，合围于我，则欲去不复得也。○张预曰：兵力谋勇皆劣于敌，则当引而避之，以伺其隙。

故小敌之坚，大敌之擒也⑥。

曹操曰：小不能当大也。○李筌曰：小敌不量力而坚战者，必为大敌所擒也。汉都尉李陵以步卒五千之众，对十万之军，而见殁匈奴也。○杜牧曰：言坚者，将性坚忍，不能逃，不能避，故为大者之所擒也。

注釋 ①十则围之：兵力十倍于敌就包围敌人。②倍则分之：此句言有一倍于敌人的兵力，就设法分散敌人，造成局部上的更大优势。倍，加倍。分，分散。③敌则能战之：此句言如果敌我力量相当，则当敢于抗击、对峙。敌，指兵力相等，势均力敌。能，乃、则。此处与则合用以加重语气。④少则能逃之：少，兵力少。逃，逃跑、躲避。⑤不若：不如，指实际力量不如敌人。⑥小敌之坚，大敌之擒也：弱小的部队坚持硬拼，就会被强大的敌人所俘虏。小敌，弱小的军队。之，助词。坚，坚定、强硬，此处指固守硬拼。大敌，强大的敌军。擒，捉拿，此处指俘虏。

譯文 因此用兵打仗的战术方法是：我方的兵力十倍于敌人时，便把敌军围困起来加以聚歼或威逼其投降；我军的兵力五倍于敌人时，便对敌军发起猛烈攻击；我军的兵力二倍于敌人，就要设法将敌军分散，以优势兵力各个击破；敌我双方的兵力相当时，可以与敌交战；我军兵力比敌军少时，就应该设法摆脱敌人；我军的实力不如敌人时，就应当尽量避免与其交战。因为，弱小的军队如果坚守硬拼，就必然被实力强大的军队制服擒获。

釋例四 356年，燕慕容恪率军追段龛至广固城下，龛闭门固守，恪整日按兵不动。诸将莫名其妙，齐请速攻。恪对诸将说：『用兵不宜执一，或宜缓行，或宜急取。若彼我势均，敌外有强援，一或顿兵，将腹背受敌，自应急攻为是，希望速得大利；倘我强彼弱，彼又无外援，不如羁住守兵，静待彼自毙，兵法所谓十围五攻，便是此意。按行军常法，必欲急攻，谅数旬即可攻下，但恐恶战，伤我士众。故当持久以取，不要贪得近攻。』于是严固围垒，屯田课耕。后城中粮尽，龛出降，终克广固。

釋例五 918年，晋王进军大梁，至胡柳陂。黎明，侦察骑兵来报梁军追到。晋王问计于周德威，德威说：『贼众多，倍道而来，尚未扎营，而我军营栅已固，守备有余，战则兵力不如敌众，况且梁兵思家，内怀愤激之情，与其交战，恐未必得志，请王按兵不

光武帝宾礼故人

与交战，德威乘其不立营栅，疲惫之时，用骑兵扰乱他，使其不得安息，然后可一举歼灭敌军。』

晋王不同意，率亲军先出，德威不得不领幽州兵随行。梁将贺瑰大军结阵而前，横亘数十里。晋王率亲军陷入梁阵，厮杀往还十余里，梁将王彦章败走。晋辎重兵望见梁军旗帜，惊慌溃散，扰乱了幽州兵，自相践踏。周德威不能制止，父子都战死。梁兵四面八方攻上来，晋王占据高丘收集散兵，但已不能与梁军作战了。这是周德威知敌军势众，骤战必败，提出万全之策。

释例六 538年，东魏莫折后炽勾结贼党，到处抢掠。西魏李贤率乡兵与刺史史宁征讨他。后炽列阵以待。李贤对史宁说：『贼聚结时间长，兵马甚多，若只列一阵兵力进攻，敌必集结所有兵力抵抗我，其势不分，众寡不敌。今如令诸军分为数队，多设旗鼓，犄角而前，威胁敌人诸栅。公可别统精兵，直指后炽，按甲而待，不与敌交锋。后炽欲向前，怕公所率之精锐；

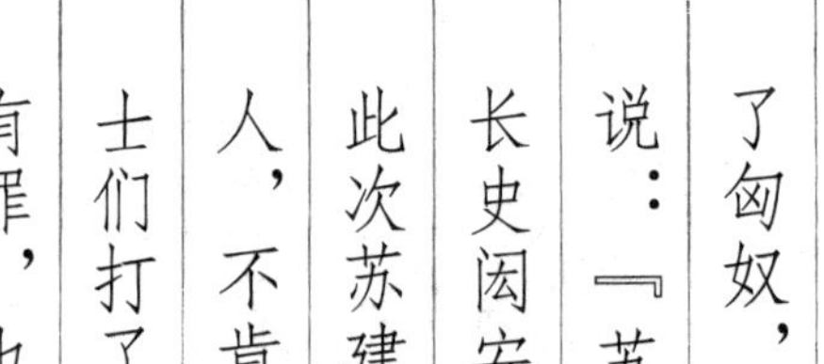

卫青

卫青字仲卿，西汉人。汉武帝时抗击匈奴的主要将领，屡立战功，威信很高。

敌诸栅欲出战，又惧我率之疑兵。令其进不得战，退不得逃，以待其懈，攻之必败无疑。后炽一败，众栅不攻自破。』史宁不同意，屡战屡败。后炽闻李贤率兵到来，就命史宁与李贤接战，敌势不振，被李贤打得大败。

前123年，卫青派兵遣将去打匈奴。右将军苏建、前将军赵信带着三千多骑兵，与匈奴单于兵数万相遇，战了一日，人马死伤殆尽。前将军赵信投降了匈奴，右将军苏建只剩下自己一人逃回。议郎周霸说：『苏建全军覆没，自己逃了回来，应当砍头。』长史闳安说：『不然，兵法小敌之坚，大敌之擒也。此次苏建独以数千人对付数万敌人，战至最后只剩一人，不肯投降，拼命地逃回来。如果杀了他，以后将士们打了败仗，谁还敢回来？』卫青说：『就说苏建有罪，也应当奏明皇上。』

原文 **夫将者，国之辅也①。辅周则国必强②，**曹操曰：将周密，谋不泄也。○李筌曰：辅，犹助也。将才足，则兵必强。〇杜牧曰：才周也。〇贾林曰：国之强弱，必在于将。将辅于君而才周，其国则强；不辅于君，内怀其贰，则弱。择人授任，不可不慎。〇何氏曰：周，谓才智具也。得才智周备之将，国乃安强也。**辅隙则国必弱**③。曹操曰：形见于外也。〇李筌曰：隙，缺也。将才不备，兵必弱。〇杜牧曰：才不周也。〇梅尧臣曰：得贤则周备，失士则隙缺。〇王晳曰：周，谓将贤则忠才兼备；隙，谓有所缺也。〇张预曰：将谋周密，则敌不能窥，故其国强；微缺则乘衅而入，故其国弱。太公曰：『得士者昌，失士者亡。』

注释 ①国之辅也：国，指国君。辅，原意谓辅木，这里引申为辅助、助手。②辅周则国必强：言辅助周密、相依无间国家就强盛。周，周密。③辅隙则国必弱：辅助有缺陷则国家必弱。隙，缝隙，此处指有缺陷、不周全。

译文 将帅是国君的辅佐。辅佐得周详严密，国家就必定强盛；辅佐得有缺陷漏洞，国家就必然衰弱。

羊祜轻裘缓带

羊祜，字叔子，泰山南城（今山东费县西南）人，西晋著名的战略家。曾为司马昭的中书侍郎，司马炎称帝后，羊祜为钜平侯。羊祜在军中注意开垦屯田，体恤兵士，军队实力大增。他在军中的时候从不讲究排场，时常身着家常衣服，连盔甲都不披，身边侍卫也很少，以示拉近与士兵的关系。

释例八 276年10月，晋征南大将军羊祜请求讨伐吴，他对晋武帝说：『大晋兵众，多于前世，资储器械，盛于往时，今不于此时平吴，而更阻兵相守，不可长久。现在若引梁、益之兵，水陆俱下，荆楚之众，近临江陵、平南、豫州，直指夏口，徐、扬、青、兖，攻向秣陵，鼓旆以疑之，多方以误之，以一隅之吴，当天下之众；势分形散，所备皆急，一处倾坏，上下震荡。如此对方军队混乱，必然攻克。』晋武帝采纳了他的建议，终于平吴，统一中国。

原文 **故君之所以患于军者三①：** 梅尧臣曰：患君之所以不知。○孟氏曰：已下语是。○张预曰：下三事也。**不知军之不可以进，而谓②之进；不知军之不可以退，而谓之退，是谓縻军③；** 曹操曰：縻，御也。○李筌曰：縻，绊也。不知进退者，军必败；如绊骥足，无驰骋也。楚将龙且逐韩信而败，是不知其进；秦将苻融挥军少却而败，是不知其退。○贾林曰：军之进退，将可临时制变；君命内御，患莫大焉。故大公曰：『国不可以从外治，军不可以从中御。』○杜佑曰：縻，御也，靡为反。君不知军之形势，而欲从中御也。**不知三军之事，而同三军之政者④，则军士惑矣⑤；** 曹操曰：军容不入国，国容不入军，礼不可以治兵也。○李筌曰：任将不以其人也。燕将慕容评出，军所在，因山泉卖樵水，贪鄙积货，为三军帅，不知其政也。○杜佑曰：夫治国尚礼义，兵贵于权诈，形势各异，教化不同；而君不知其变，军国一政，以用治民，则军士疑惑，不知所措。故《兵经》曰：『在国以信，在军以诈』也。**不知三军之权，而同三军之任⑥，则军士疑矣。** 曹操曰：不得其人意也。○杜牧曰：谓将无权智，不能铨度军士，各任所长，而雷同使之，不尽其材，则三军生疑矣。○陈皞曰：将在军，权不专制，任不自由，三军之士自然疑也。○梅尧臣曰：不知权谋之道，而参其任用，则众疑贰也。**三军既惑且疑，则诸侯之难至矣，是谓乱军引胜**⑦。曹操曰：引，夺也。○孟氏曰：三军之众，疑其所任，惑其所为，则邻国诸侯，因其乖错，作难而至也。太公曰：『疑志不可以应敌。』○张预曰：军士疑惑，未肯用命，则诸侯之兵乘隙而至。是自溃其军，自夺其胜也。

注釋 ①君之所以患于军者三：意谓国君危害军队行动的情况有三个方面。君，国君。患，危害。②谓：使，即命令。③是谓縻军：这叫做束缚军队。縻，束缚、羁縻。④不知三军之事，而同三军之政者：不了解军事而干预军队的政令。三军，代指军队。春秋时一些大的诸侯国设三军，有的为上、中、下三军，有的为左、中、右三军。同，参与、干预。政，政务，这里专指军队的行政事务。⑤军士惑矣：军士，指军队的士卒。惑，迷惑、困惑。⑥不知三军之权，而同三军之任：不知军队行动的权变灵活性质，而直接干预军队的指挥。权，权变、机动。任，指挥、统率。⑦是谓乱军引胜：此句言自乱军队，失去了胜机。乱军，扰乱军队。引，招致，导致。

譯文 国君给军事行动造成灾祸的情况有三种：不了解军队不能够进攻而强迫军队进攻，不了解军队不能够撤退而命令军队撤退，这说的是对军队的束缚；不懂得军队的管理而干预军队的管理政务，就会使将士们不知所从；不懂得军队作战的权宜机变而参与军队的指挥，就会使将士们疑虑重重。全军上下既迷惑不知所以，又疑虑不明就里，

袁术七路下徐州

袁术为袁绍族弟，出身豪门，家世显赫，其为汉末群雄之一。袁术收养孙策，从而得到玉玺称帝。然而在曹操、刘备、吕布、孙策的的夹击下大败，到处逃亡，终吐血而亡。

其他诸侯国进犯的机会就到来了。这就是所谓的自乱军队而招致敌国取胜。

释例九 前61年，赵充国要用步兵屯田的办法来代替用骑兵进攻羌人的策略，他上书说：『大军远在外地，每天所费的粮食和草料已经不少了；要是老这样守着，不但耗费财物，而且士兵、民众也都太苦了。西羌只能用恩德去收服，不能用兵力去消灭。这儿可以开垦的土地有两千多顷，我愿意撤退骑兵，单留下一万步兵，一面耕种，一面防守，这样西羌就能够平定下去。』但汉宣帝还是下诏让赵充国赶紧进兵。这是不应进军而国君强令进军的例证。

释例十 前638年，一直想成为霸主的宋襄公出兵伐郑，郑国便向楚国求助。楚成王接到消息后，并没有直接援救郑国，而是统领大军直接杀向了宋国。宋襄公顿时慌了手脚，也顾不上攻打郑国，连忙带领军队赶回宋国。

等宋军在河边扎好营盘，楚国的兵马刚好来到了对

宋襄公

宋襄公为宋国君，春秋五霸之一。襄公修行仁义，款待了在曹国受到侮辱的重耳。尽管宋国当时贫穷，宋襄公依然送给了重耳二十乘车。这一义举使后来的宋国避免了一场亡国之灾。

岸。这时属下公孙固对宋襄公说：『楚军来到这里只是为了救郑国。我们已经从郑国撤兵。他们的目的也已经达到了。咱们兵力不足，不能硬拼，还是和楚国讲和吧。』宋襄公却反驳道：『楚军虽然兵强马壮。可是缺乏仁义。我们宋国虽然兵力单薄，但却是仁义之师。不义之兵能胜过仁义之师吗？』

宋襄公还特意命人做了一面大旗，上面绣着『仁义』二字。他就要用这『仁义』来战胜楚国的刀剑。

到了第二天早上，楚军开始过河。公孙固对宋襄公说：『楚军正在渡河。等他们渡到一半，我军杀过去，一定能够取胜。』宋襄公却指着『仁义』之旗说：『人家还没渡完河我们就打，那还算什么仁义之师？』

过了一会儿，楚军全部过了河。正当他们在河岸上布阵时，公孙固又对宋襄公说：『趁楚军正在乱哄哄地布阵，我们发动攻击，也许还能取胜。』宋襄公听罢很不满意：『人家还没有摆好阵，你就要去打他，那还算得上是仁义之师吗？』

李光弼

李光弼（708—764），唐中叶名将，营州柳城（今辽宁朝阳）人。父楷洛，本契丹酋长，于武则天时附唐。光弼少善骑射，历任朔方（今宁夏灵武西北）、河西（今甘肃武威）将校。安禄山反唐时，李光弼会合郭子仪军队大破禄山部将史思明，河北十亲郡都复归唐。

楚军布好阵之后，立刻发起攻击。宋襄公领兵冲在最前面。可是，宋军根本不是楚军的对手，很快就被打得落花流水，宋襄公也受了箭伤。宋襄公被手下人救回来以后，仍然执迷不悟：『仁义之师就是要以德服人，我奉行仁义之道打仗，不能乘人之危去攻打对方，这才是君子所为。』他手下的将士们听了，都暗骂宋襄公是个草包。

后来，宋襄公的伤口感染，不久便死去了。

釋例十一 前204年，韩信和张耳带着几万军队去攻打赵国，赵王歇和成安君把很多兵力聚集在井陉关的隘口。广武君李左车通晓权变，提出不要出兵交战等良策；而成安君陈余是一个迂腐的儒者，常常说：『只要是正义之师，征战时是用不着什么奇谋诡计的。』他不接受李左车的计策。赵王用陈余为师，结果陈余在泜水边被杀，赵王歇被活捉，赵国灭亡。

釋例十二 760年，李光弼率兵进围怀州，史思明领兵来救援，光弼再次后退。史思明派间谍散布流言，说他的将士都是北方人，思归心切。监军鱼朝恩信以为真，屡次上书说叛军可灭的状况，蛊惑唐肃宗速下诏催李光弼进兵。光弼上书说贼锋尚锐，不可轻进。肃宗不听，遣使者去督战。光弼不得已，进军到北邙，敌伏兵四起，官军抵挡不住，只好返奔。史思明乘势进击，杀死官军数千人。怀州复陷。

原文 **故知胜有五：** 李筌曰：谓下五事也。张预曰：下五事也。**知可以战与不可以战者胜，** 李筌曰：料人事逆顺，然后以《太一遁甲》算三门遇奇五将无关格，迫胁主客之计者，必胜也。○杜牧曰：下文所谓知彼知己是也。○孟氏曰：能料知敌情，审其虚实者胜也。○梅尧臣曰：知可不可之宜。○王皙曰：可则进，否则止，保胜之道也。○何氏曰：审己与敌。○张预曰：可战则进攻，不可战则退守；能审攻守之宜，则无不胜。**识众寡之用者胜**①，李筌曰：量力也。○杜牧曰：先知敌之众寡，然后起兵以应之。如王翦伐荆，曰『非六十万不可』是也。○杜佑曰：言兵之形，有众而不可击寡，或可以弱制强，而能变之者胜也。故《春秋传》曰，『师克在和不在众』是也。○梅尧臣曰：量力而动。○王皙曰：谓我对敌兵之众寡，围攻分战是也。**上下同欲者胜**②，曹操曰：君臣同欲。○李筌曰：观士卒心，上下同欲，如报私仇者胜。○何氏曰：《书》云：『受有亿兆夷人，离心离德；予有乱臣十人，同心同德。商灭而周兴。』○张预曰：百将一心，三军同力，人人欲战，则所向无前矣。**以虞待不虞者胜**③，李筌杜牧曰：有备预也。○孟氏曰：虞，度也。《左传》曰：『不备不虞，不可以师。』待敌之可胜也。○陈皞曰：谓先为不可胜之师，待敌之可胜也。○杜佑曰：虞，度也。以我有法度之师，击彼无法度之兵。○梅尧臣曰：慎备非常。○王皙曰：以我之虞，待敌之

决胜负贾诩谈兵

贾诩在三国时期被称为毒士、鬼才，善用计谋。他先在李傕帐中任谋士，后又效力于张绣。张绣兵败后他劝张绣和自己都归降曹操。曹操在官渡战袁绍、潼关破西凉马超、韩遂，都用他的奇计。

不虞也。○张预曰：常为不可胜以待敌。故吴起曰：『出门如见敌。』士季曰：『有备不败。』**将能而君不御者胜**④。曹操曰：《司马法》曰：『进退惟时，无曰寡人』也。○杜佑曰：将既精能，晓练兵势，君能专任，事不从中御。故王子曰，『指授在君，决战在将』也。○梅尧臣曰：自间以外，将军制之。○张预曰：将有智勇之能，则当任以责成功，不可从中御也。故曰：间外之事，将军裁之。**此五者，知胜之道也**⑤。曹操曰：此上五事也。

注释

①识众寡之用者胜：能善于根据双方兵力对比情况而采取正确的战略，就能取胜。众寡，指兵力多少。②上下同欲者胜：上下同心协力的能够获胜。同欲，意愿一致、齐心协力。③以虞待不虞者胜：自己有准备对付没有准备之敌则能得胜。虞，准备。④将能而君不御者胜：将帅有才能而国君不加掣肘的能够获胜。能，有才能。御，原意谓驾御，这里指牵制、制约。⑤知胜之道也：认识、把握胜利的规律。道，规律、方法。

譯文 所以，要预测胜利必须具备五个条件：清楚地知道什么情况下可以与敌作战、什么情况下不可以与敌作战的，能够获胜；懂得根据兵力的多少而采取不同战略战术的，能够获胜；将帅与士兵同心同德、同仇敌忾的，能够获胜；以充分周密的准备去对付毫无准备的敌人的，能够获胜；将帅有组织指挥才能而国君不加掣肘的，能够获胜。这五条，是认识、把握胜利的方法。

釋例十三 198年，曹操征讨张绣。一天，曹军退走，张绣欲追击。贾诩说：『不可追，若追必败。』绣不同意，领兵追上曹军。曹军奋力接战，结果绣军大败而还。贾诩对张绣说：『今可整兵再往追击，再战必胜。』绣说：『今已败，为什么还要追？』诩说：『兵势有变，今番必胜。』绣遂收散卒往追，果然大败曹军。张绣问贾诩道：『前以精兵追击，公曰必败，后以败兵击胜兵，而公曰必克。悉如公言，为何其事不同而得到验证呢？』贾诩说：『将军虽善于用兵，可不是曹操敌手。曹军虽退，操必亲自断后，以防追兵；追兵虽精，大将却比不起曹操，彼兵亦锐，因知必败。曹操急于退兵，一定是因许都有事；既破追军，必轻车速回，不再准备；纵留诸将断后，也不是将军的敌手，虽用败兵而战必胜。』张绣佩服他的高见。

釋例十四 （一）前229年，秦将王翦奉诏攻赵，赵王投降。次年，秦王派王翦攻燕，平定燕、蓟。这时，秦将李信年少壮勇，曾以数千兵破过燕太子丹，秦始皇奇其有能，问信说：『朕要取荆楚，你看要多少兵？』信答道：『二十万够了。』又问王翦，王翦说：『非得六十万不可。』始皇说：『王将军老了吧？李信说二十万已足。』于是以李信为将，带兵二十万攻楚，结果李信败逃，后王翦以六十万破荆。

（二）赵简子是春秋末期晋国六卿之一。他为人刚毅勇武，很有才干。他经常奉命出使各国，也经常率军去讨伐违抗晋国命令的诸侯，为维护晋国的霸主地位立下了汗马功劳。因此，他深得晋君的赏识，在朝中享有极高的威望。

当时，卫国与晋国相邻，由于卫国经常受到侵略，以致于人口锐减，领土大量丧失，逐渐沦为一个弱国。而国君卫灵公的才能又不出众，没有什么贤德的名声，所以他被迫与晋国结盟，长期以来一直对晋国俯首帖耳。但是，卫灵公这个人很有骨气，他不想永远处在任人摆布的屈辱地位。后来，卫灵公与齐景公在沙泽结盟，从此断绝了与晋国的关系。

卫国的叛变，使晋国上下受到了极大的震动。赵简子立刻调动大军，准备发兵攻打卫都帝丘，企图用武力迫使卫国屈服。

赵简子深谋远虑，没有贸然出兵。在发兵前，他找来身边一个叫史默的亲信，对他说：『我听说卫灵公在国内排斥贤士，重用小人，我想现在卫国已经上下离心，国事日非。我命你在一个月之内把卫国的情况了解清楚，我等你回来报告，然后再出兵。』史默走后，赵简子一面命令将士们加紧习武练兵，做好打仗的准备，一面等着史默的报告。可是过了一个多月，史默也没有回来复命。这时，有人对赵简子说：『史默逾期不

纣王摘星楼自焚

纣是商朝最后一代帝王，他的统治日渐腐朽，不听善谏，乱杀无辜，制订了一系列的酷刑，终于引起了全国人民的反抗。后在牧野之战中被武王所灭。

归，可能是被卫人捉拿。其实卫国是个弱国，根本就抵挡不了晋军的攻击，只要我们的人马渡过黄河，卫军就会不战自降。请元帅尽快下令出兵吧！』

赵简子听了摇摇头说：『卫灵公既然敢断然同晋国绝交，肯定是有了充分的准备，我们决不能掉以轻心。再说，史默这个人向来思虑深远，他没有如期回来，可能是发现了某些预料不到的情况，还需要进一步打探。出兵的事，等他回来之后再讨论吧！』

过了很长时间，史默回来了，他向赵简子讲述了卫国的情况：『卫灵公现在提拔忠臣，废黜奸佞，深得民心。他为了激起国人对我们的愤怒，对外宣布：「晋人已命令我国，凡是有女儿的人家，都要抽调一个到晋国当人质。」他还抽调了一批宗室大夫的女儿，假意准备送往晋国。卫国的百姓听了之后，怒吼道：「让晋人来吧！我们一定要把晋国人打回去。」卫国现在人才济济，民气可用，我们用武力使它屈服，可能会付出很大代价。还请元帅三思而行！』

赵简子听了，马上命令晋军按兵不动。之后，他还亲自面奏晋君，取消了攻打卫国的计划。

（三）商朝末年，纣王的统治越来越腐败，这时周武王手下的大臣们进言：应该出兵伐纣。于是武王率领大军向东进发，来到了黄河南岸的盟津（今孟津西北），这时，许多诸侯听说此事，纷纷出兵响应，举行了誓师仪式，即『盟津之誓』。这次到会的诸侯和部落首领有八百人之多，据《史记》记载：『诸侯不期而会盟津者八百诸侯。』但是，武王认为时机不成熟。

他对诸侯说说：『要说伐纣，早就该伐了。以我们今天的大军，也一定能够战胜商纣王。但殷商还有比干、箕子二位贤人，现在去讨伐，一定会伤及许多无辜，时机还不成熟。所以，我决定大军退回各国，择机再战。』初次会盟虽然没有开战，但武王由此了解了天下的形势，为日后伐纣打下了基础。

随着商纣王日益骄横，他手下的贤臣反复劝谏都不奏效。一天，纣王的叔父比干又一次冒死劝谏，殷纣王竟然命令人把他的心肝挖了出来。微子听说之后，已经知道纣王已经无可救药，于是马上离开了京师逃到微。

比干被杀之后，有人劝箕子离去，箕子说：『身为人臣，进谏不被采纳就离去，是彰显君王的罪恶，我实在不忍心。』于是他便披头散发地装疯，独自一人的时候就弹琴来抒发内心的悲伤。纣王以为箕子真的疯了，于是把他囚禁起来。

公元前1046年，武王感到灭商的时机已到，于是遍告天下诸侯准备重新会师于盟津，此次的盟津会师正式揭开了武王伐纣的序幕。大军一路上所向披靡，势如破竹，很快抵达牧野，与商朝的军队对垒。

商纣王平时荒于国事，此刻见大兵压境，自己兵力不足，便将囚犯、奴隶组织起来抵御。这些军队人数虽多，但大都是没受过严格训练的非正规军，原有军队也因纣王疏于朝政而纪律涣散，加之他们对纣王早已恨之入骨，所以纷纷倒戈，加入伐纣大军，武王大军因此取得了胜利。商纣王见大势已去，便在鹿台自焚。

（四）夏朝最后一个君主夏桀王暴虐无道，商部族首领汤想要出兵讨伐他。在讨伐夏桀之前，汤采纳了大臣伊尹的建议，停止向夏朝朝贡以试探夏桀的实力。桀见商汤对自己不敬，便命令九夷族发兵征讨商部族，这说明此时桀还能调动九夷族的兵力，汤和伊尹就马上谢罪，恢复向夏桀的进贡。

一年以后，九夷族再也忍受不了桀的残暴统治，纷纷叛离夏朝，这就使桀的力量大为减弱。汤和伊尹见时机已到，就由汤召集部众，出兵伐夏，一举攻灭了夏朝。

釋例十五 前496年，吴王阖闾趁越国国君允常刚死、其子勾践初立之机，不听伍子胥的一再劝阻，贸然出兵伐越。勾践率兵北上迎敌，双方会战于槜李。

吴军阵容十分严整，勾践先后两次组织敢死队冲锋都失利，于是强令三队死囚走到阵前，将刀架在自己的脖子上，对着吴军高喊：『两军作战，我们违犯了军令，现在甘愿

曹操斩吕布

吕布骁勇善战，先后跟随丁原、董卓作战，并最终杀死了丁原和董卓。成为独立势力后，最终不敌曹操和刘备的联军，兵败人亡。吕布虽然勇猛，但少有计策，为人反复无常，唯利是图，且目光短浅，不具备作为一个政治家的雄心壮志。

以死赎罪。』喊罢，一齐自刎，倒地而亡。这个惊心动魄的场面大大地震撼了吴军，瓦解了他们的斗志。越军趁机猛扑过去，打得吴军大败，阖闾也在混战中负了伤，死于回师途中。

釋例十六 198年，曹操亲自率领大军进攻吕布，军至彭城（今徐州），送劝降书。吕布得书欲投降，陈宫说：『今日降曹，若卵投石，岂可得全。』布出战，败还保城。吕布无谋多猜忌，不能制御诸将，诸将又各起意自疑。曹操大军围困三个月，城中上下离心，其将侯成、宋宪、魏续捆绑陈宫，率众投降。吕布与其部下登白门楼。曹兵围急，遂投降，吕布被杀。这是吕布与陈宫以及诸将上下不同欲而败亡。

釋例十七 220年，魏大将军南征吴国，魏将满宠率诸军在前，与敌隔水相对。满宠对诸将说：『今夕风很猛，敌人必来烧我营帐，应预先有所准备。』众将都提高了警惕。夜半，吴果遣人来烧营，宠率众掩击，大破吴众。

原文 **故曰：知彼知己者，百战不殆①；**李筌曰：量力而拒敌，有何危殆乎？○杜牧曰：以我之政，料敌之政；以我之将，料敌之将；以我之众，料敌之众；以我之食，料敌之食；以我之地，料敌之地。校量已走，优劣短长，皆先见之，然后兵起，故有百战百胜也。○孟氏曰：审知彼己强弱利害之势，虽百战，实无危殆也。○梅尧臣曰：彼己五者尽知之，故无败。**不知彼而知己，一胜一负②；**○陈皞曰：杜说乃是出兵无名，而伐无罪，所以败也。非一胜一负之义。○杜佑曰：虽不知敌之形势，恃己能克之者，胜负各半。○梅尧臣曰：自知己者，胜负半也。○王皙曰：但能计己，不知敌之强弱，则或胜或负。○张预曰：唐太宗曰：『今之将臣虽未能知彼，苟能知己，则安有不利乎？』所谓知己者，守吾气而有待焉者也。故知守而不知攻，则胜负之半。**不知彼不知己，每战必殆。**李筌曰：是谓狂寇，不败何待也。○杜佑曰：外不料敌，内不知己，用战必殆。○梅尧臣曰：一不知，何以胜？○王皙曰：全昧于计也。○张预曰：攻守之术皆不知，以战则败。

注释 ①殆：危险、失败。②一胜一负：即胜负各半，指没有必胜的把握。

譯文 所以说：既了解敌方情况，又了解己方情况，便能百战百胜，不会有失败；不了解敌方情况，只了解己方情况，胜败可能平分；既不了解敌方情况，又不了解己方情况，那么每次战斗都注定会失败。

釋例十八 214年（汉献帝建安十九年）春季，马超请求张鲁分派给他一支军队，向北攻取凉州。张鲁派遣马超回军围攻祁山，祁山守将姜叙向夏侯渊告急。夏侯渊部下将领议论，认为必须上报魏公曹操，由他发令调度。夏侯渊说：『魏公远在邺城，向他报

夏侯渊

曹魏名将，力过人，人颇重义气，曹操起兵之后，夏侯渊一直追随曹操左右。曾随曹操平定庐江雷绪，于潼关攻马超、韩遂，战功较多，封为博昌侯，征西将军。建安二十三年，刘备军攻打汉中，被老将黄忠和法正用计袭杀。

告，往返行程四千里，等他的命令传到这里，姜叙等人必定早已被打败，这不能解救危机。』于是命令部队行动，由张郃率步、骑兵五千人为先头部队。马超败退而走。

韩遂驻军显亲，夏侯渊欲图袭击韩遂，夺取显亲，韩遂退走。夏侯渊追到洛阳，距离韩遂驻地三十余里。将领们准备向韩遂发动攻击，有人建议应当进攻兴国的氐族。

夏侯渊认为：『韩遂的军队精锐，兴国有坚固的城防，此时进攻很难迅速取胜，不如攻打长离的羌人部落。很多长离的羌人都在韩遂军中，他们必然会回去援救自己的家乡。韩遂若舍弃长离羌人拥兵自守，便会失去羌人的支持而势孤力单，如果援救长离，我们就可以与他的部队进行野战，一定能够生擒韩遂。』于是，夏侯渊留下督将守卫辎重，亲自率军轻装至长离，攻打羌人部落，韩遂果然来救长离。夏侯渊的部下将领见韩遂兵多，要扎下营盘、挖好堑壕再作战。

庞统献策取西川

刘备想要三分天下，西川是关键。庞统为刘备陈述形势，刘备带兵前去攻占西川，从而奠定了自己蜀汉的基础。

夏侯渊说：『我军千里转战，如果再扎营盘，掘堑壕，士兵便会疲惫不堪，无法再用他们去作战了。韩遂兵虽多，并不难对付。』夏侯渊下令击鼓进攻，一举击溃了韩遂的军队，并乘胜包围了兴国。氐王逃到马超那里，其余的官兵都投降了。夏侯渊又转而进攻高平、屠备两个部落，也都把他们击溃。

夏侯渊刚勇果断，因时制宜，发兵击走马超。知韩遂兵精，兴国城固，不硬拼硬打，而是攻其必救，以逸待劳，因而得大破韩遂。

23年，为扑灭汉末农民起义之火，王莽派四十二万大军，以泰山压顶之势，围攻被绿林军占据的昆阳，当时，城中守军总共只有九千人，形势危在旦夕……

三月，王凤和太常偏将军刘秀等率领汉军进攻昆阳、定陵、郾等城，都先后攻克。

王莽得知严尤、陈茂失败的消息后，马上派司空王邑乘坐加急驿车和司徒王寻一起发兵去平定崤山以东地区。同时征招通晓六十三家兵法的人为军官，任用身材极高大的巨毋霸为垒尉，还驱赶来一些虎、豹、犀、象等类的猛兽以助军威。王邑到了洛阳，各州郡也都选派精锐的士兵，由州郡的长官亲自带领，会集起四十二万人，号称百万；其他部队还源源不断地开来，旌旗、辎重千里不绝。夏季，五月，王寻、王邑南进到了颍川，同严尤、陈茂会合。

汉军的将领们看到王寻、王邑如此兵多势众，都返身跑回昆阳城，个个惊慌不安，为老婆孩子担忧，想从这里撤回到原来占据的城邑去。刘秀对他们说：『现在城内兵少粮缺，而城外敌军非常强大，合力抗敌，或许有胜利的希望，如果分散，势必无法取胜。假如昆阳被敌军占领，要不了几天的功夫，我军各部也就都完了。现在怎么能不同心共胆，共举大业，反而只想要守着妻子财物呢？』

将领们发怒说：『刘将军怎么敢这么教训我们！』刘秀笑着起身。

派出侦察的骑兵回来报告说：『敌人大军已迅速推进到城北，敌军阵营长达几百里，看不到尽头。』

将领们一向轻视刘秀，但是在这样紧急的时候，就都议论道：『再请刘将军接着刚才来谋划这件事。』

刘秀又给将领们谋划军事成败，将领们都说：『是。』这时城中只有八九千人，刘秀派王凤和廷尉大将军王常守卫昆阳，当夜就率领五威将军李铁等十三人骑马驰出昆阳城的南门，在外面征集队伍。兵临昆阳城下的王莽军队将近十万，刘秀等人费了很大气力才冲出去。

王寻、王邑兵围昆阳，严尤向王邑献策说：『昆阳城小而坚固，现在假冒皇帝名号的更始皇帝刘玄正在围攻宛城，我们大军迅速向那里进兵，他必定奔逃；宛城那边的汉军一旦失败，昆阳城里的汉军自然会向我军投降。』

王邑说：『我以前围攻翟义，就是因没能活捉住他而受到责备，如今带领百万之众，遇城而不能攻下，这有损大军的威风。应当先攻陷然后屠杀此城，踏着敌人的鲜血，前歌后舞地前进，难道不痛快吗？』于是把昆阳包围了几十重，列营上百个，战鼓之声响彻几十里，还开挖地道，用战车撞城；用许多弓弩向城内乱射，矢下如雨，城内百姓为了躲避飞矢，背着门板出外打水。王凤等乞求投降，不被理睬。王寻、王邑自以为很快就可破城，不担心军事上会出其他事故。

严尤建议说：『《兵法》上写着：「围城应当网开一面」，让城内被围之敌得以逃出，让这些败兵去动摇正在围攻宛城的绿林兵的军心。』王邑又不听取这个建议。

刘秀到了郾、定陵等地，命各营全部出动军队，将领们贪惜财物，想要分出一部分兵士守在营地。刘秀说：『现在如果打败敌人，珍宝万倍，大功可成；如果被敌人打败，头都被杀掉了，还要什么财物！』

于是全军出动。六月初一，刘秀和各营部队一同出发，亲自带领步兵和骑兵一千多人为前锋，在距离王莽大军四五里远的地方摆开阵势。王寻、王邑也派几千人来应战，刘秀一马当先带兵冲了过去，斩了几十人首级。高兴地说：『刘将军平时看到弱小的敌军都胆怯，现在见到强敌反而英勇，太奇怪了！让我们都冲到前面去吧，以便协助将军！』刘秀又向前挺进，王寻、王邑的部队开始退却；汉军各部乘机都冲杀过去，斩了千百个首级。接连获胜，继续进兵，将领们胆气更壮，没有一个不是以一当百。刘秀亲自率领三千敢死队员从城西滍水岸边冲击王莽军的主将营垒。王寻、王邑轻视汉军，亲自带领一万余人压往军阵，戒令各营都按兵不动，单独迎上来同汉军交战，交战不久，王寻等失利，大部队又不敢擅自相救；王寻、王邑所部阵脚大乱，汉军乘机击溃敌军，追杀了王寻。昆阳城中的汉军也击鼓大喊而冲杀出来，里应外合，呼声震天动地；王莽军大溃，逃跑者互相践踏，地上的尸体遍布一百多里。此时电闪雷鸣，屋瓦被风刮得乱飞，大雨好似河水从天上倒灌下来，滍水暴涨，虎豹都惊吓得发抖，掉入水中溺死的士兵成千上万，河流因此阻塞。王邑、严尤、陈茂等骑着马踏着死尸渡过滍水逃走。汉军获得王莽军抛下的全部军用物资，堆积如山，战利品接连几个月都收拾不完，余下的就地烧毁。

王莽军的士兵四散奔逃，各返家乡，只有王邑和他带领的长安勇士几千人回到洛阳。于是，关中震惊，海内豪杰一致响应，纷纷杀掉当地的州郡长官，自称将军，用更始年号，等待更始皇帝的诏命，登时天下云集响应。

结语 谋攻，『谋』可作『议』。『欲攻战，必先谋』（曹操注）。古人称为『先谋』。汉代刘向说：『谋先则事昌。』（《说苑·说丛》）事先设谋，预测出事物的变化趋向，以便做出科学的决策，导致事物的成功。所以『用兵之道，先定其谋，然后可施其事』（诸葛亮《便宜十六策》）。岳飞也说过『勇不足恃，用兵在先定谋』。

本篇以提倡『不战而屈人之兵』的全存主义为用兵的最高原则，即是说运用外交解决胜于武力攻取，另外，力言统率权的独立与知己知彼的重要性。知己知彼规律，不仅普遍地应用于战争方面，还是政治家、外交家、教育家特别是企业家所借鉴的重要规律。『己』，对于企业来说，是指企业实力、经营方针、企业员工素质、股东等所构成的企业内部环境；『彼』对于企业来说，即是指与企业相关的供货商、消费者、服务对象、同行竞争者等所构成的以市场为中心的企业外部环境。企业家不能把握企业内、外部环境，是不能占有市场的。只有知己知彼，才能无往而不胜。

兵法與商道 **长城饭店名利双收**

《孙子兵法》谋攻篇强调了战前谋略的重要，在企业经营活动中，除了自己的情况外，还要把握与企业相关的供货商、消费者、服务对象和同行业竞争者等外部环境。只有经过慎重、科学的谋划，根据自己的实际情况，制定出适合自己的战略步骤，才能做到步步为营。

1983年，北京长城饭店正式开张营业，它是中国第一家五星级宾馆，也是第一家中美合资的宾馆。开业伊始，面临的第一个问题就是如何招待顾客。按照通常的做法，应该在中外报刊、电台、电视台做广告等。这笔费用是非常昂贵的，国内电视广告每30秒需数千元，每天需插播几次，一个月至少需要几十万元。但由于北京长城饭店的基本客户来自香港、澳门及海外各国，这就需要海外的宣传，而香港电视台每30秒钟的广告费至少也要3.8万港元，如果按照内地方式插播，每个月需几百万元人民币。而外国的广告费，一个月下来更是个天文数字了。一开始，北京长城饭店也曾在美国的几家报纸上登过几次广告，后来由于经费不足，加上收效又不佳，只得停止广告攻势。

广告攻势虽然停止了，北京长城饭店的宣传活动却没有停止，他们只不过是改变了策略。

北京市为了缓解八达岭长城过于拥挤的状况，整修了慕田峪长城。

当慕田峪长城刚刚修复、准备开放之时，北京长城饭店不失时机地向慕田峪长城管理处要求由他们来举办一次招待外国记者的活动，一切费用都由北京长城饭店负担。双方很快就达成了协议。

在招待外国记者的活动中，有一项内容就是请他们浏览整修一新的慕田峪长城，目的当然是想通过他们之口向国外宣传新开辟的慕田峪长城。这一天，北京长城饭店特意在慕田峪长城脚下准备了一批小毛驴。毛驴是我国古代传统的代步工具，既能骑，也能驮东西。如果长城、毛驴被这些外国记者传到国外，就能增加中国这一东方文明古国的神秘感。

此次北京长城饭店准备的毛驴，除了一批用于供愿意骑的记者外，大部分是用来驮饮料和食品。当外国记者们陆续来到山顶的时候，主人们从毛驴背上取下法国香槟酒，在长城上打开，让记者们饮用。长城、毛驴、香槟、洋人，记者们感到这个镜头对比太鲜明了，连连叫好，纷纷举起了照相机。照片发回各国之后，编辑们也特别动心。于是，第二天世界各地的报纸几乎都刊载了慕田峪长城的照片。北京这家以长城命名的饭店名声也随之名声鹊起。

通过此次活动，北京长城饭店的公关经理——一位当过记者的美国小姐，尝到了甜头，通过编辑、记者的笔、镜头，把长城饭店介绍到了世界各国，不仅效果远远胜于广告，而且费用还不多。于是，精明的公关小姐心中盘算起举办一次规模更大的公关活动。

机会终于来了。1984年4月26日到5月1日，美国总统里根即将访问中国。北京长城饭店立即着手收集里根访华的日程安排和随行人员的信息。经了解，得知随行来访的有一个五百多人的新闻代表团，其中就有美国的三大电视广播公司和各通讯社及著名的报刊。北京长城饭店的这个公关经理真是喜出望外，她决心把早已酝酿的计谋有步骤地付诸实施。

首先，是把五百多人的新闻代表团请到饭店。他们三番五次免费邀请美国驻华使馆的工作人员到长城饭店参观品尝，在宴会上由饭店的总经理征求使馆对饭店服务质量的意见，并多次上门求教。在这之后，他们以美国投资的一流饭店，就应该接待美国的一流新闻代表团为理由，提出接待随同里根的新闻代表团的要求，经过双方磋商，长城饭店终于如愿以偿地获得接待美国新闻代表团的任务。

其次，在优惠的服务中实现潜在动机，长城饭店对于代表团的所有要求都给予满足。为了使代表团各新闻机构能够及时把稿件发到国内，长城饭店主动帮助在楼顶上架起了扇形天线，还把客房的高级套房布置成便利发稿的工作间。对美国的三大电视广播公司，更是提供特殊的照顾。把富有中国园林特色的『艺亭苑』茶园的六角亭介绍给了CBS公司、把中西合璧的顶楼酒吧『凌霄阁』介绍给了NBC公司、把古朴典雅的露天花园介绍给了ABC公司，分别作为他们播放电视新闻的背景。如此一来，长城饭店的精华部份，全部尽收西方各国公众的眼底。为了使收看、收听电视、广播的公众能记住长城饭店这个名字，饭店的总经理提出，如果各电视广播公司只要能在播映时说上一句『我是在北京长城饭店向观众讲话』，一切费用都可以优惠。富有经济头脑的美国各电视广播公司当然愿意接受这个条件，暂当代言人、做免费的广告，把长城饭店的名字传到了世界。

有了这两步的成功经验，长城饭店又把目标瞄准了高规格的里根总统的答谢宴会，要争取到这样高规格的答谢宴会是有很大难度的，因为以往像这样的宴会，都是在人民大会堂或美国大使馆举行，移到其他地方还没有这样的先例。他们决定用事实来说话。

于是，长城饭店在向中美两国礼宾司的领导及有关执行部门的工作人员详细介绍情况、赠送资料的同时，还把重点放在了邀请各方首脑及各级负责人到饭店参观考察上，让他们亲眼目睹长城饭店的设施、店容店貌、酒菜质量和服务水平，不仅在中国，就算是在世界上也是一流的。到场的中美官员被目睹的事实说服了，当即拍板，最后还争取到了里根总统的同意。

得到承办权之后，饭店经理立即和中外各大新闻机构联系，邀请他们到饭店租用场地，实况转播美国总统的答谢宴会，收费可以优惠，但条件当然是：在转播的时候要提到长城饭店。

答谢宴会举行的这一天，中美首脑、外国驻华使节、中外记者云集长城饭店。电视上在出现长城饭店宴会厅的豪华场面时，各国电视台记者与美国三大电视广播公司的节目主持人异口同声地说：『现在我们是在中国北京的长城饭店转播里根总统访华的最后一项活动——答谢宴会……』在频频的举杯中，长城饭店的名字一次又一次地通过电波传到了世界各地，长城饭店的风采一次又一次地跃入各国公众的眼帘。里根总统的夫人南希后来给长城饭店的信中写道：『感谢你们周到的服务，使我和我的丈夫在这里度过了一个愉快的夜晚。』

通过此次成功的公关活动，北京长城饭店的名声大振。各国访问者、旅游者、经商者全都慕名而来；美国的珠宝号游艇前来签合同了；美国的林德布来德旅游公司前来签订合同了；几家外国航空公司也来签合同了。后来，有三十八个国家的首脑率代表团访问中国的时候，都在长城饭店举行了答谢宴会，用来显示自己像里根总统一样对这次访华的重视和成功的表示。从此，北京长城饭店的名字传了出去。

娄维川故作姿态逼对手称心让步

娄维川，原来是山东掖县土山镇的一个农民，后来成为了山东省烟台市塑料纺织袋厂的厂长，他在引进一套塑料编织袋生产线的谈判中，大长了中国人的志气。

1984年，娄维川从青岛得到消息，日本的一家纺织株式会社正准备向我国出售先进的塑料编织袋生产线，于是当即到进口过类似设备的青岛、潍坊等国营大厂实地考察，对这种生产线的性能及运转情况进行了了解，并确认引进可行。

1985年春，作为烟台市塑料编织袋厂厂长，娄维川和日本株式会社东吉村先生达成正式购买生产线的口头协议。4月5日，娄维川与其他同志一道在青岛与日方展开谈判。

在进行了一周的技术交流之后，谈判进入了实质性阶段，对方由国际业务部的中国课课长担任主要谈判代表，他起立发言：『我们经销的生产线的生产厂家，是日本最守信誉的3家公司，其产品具有80年代先进水平，全套设备的总价是240万美元。』报完价，课长漠然一笑，摆出一副不容置疑的姿态。娄厂长微微一笑，心想，你吓唬谁呀！以前中国进口的同类设备，贵的180万美元，便宜的才140万美元，你们还以为见了『土老帽』，真敢狮子大开口！

娄维川缓缓站起身，朗朗说道：『据我们掌握的情报，你们的设备性能和贵国某某会社提供的产品完全一样，我省某某厂购买该设备所花费用，比贵方开价便宜一半。因此，我提请你重新出示价格。』

日方代表听罢，相视而望，首次谈判就这样结束了。

一夜之间，日本人把各类设备的价格开列了详细清单，第二天报出的总价是180万美元。经过激烈的争论，总价被压到了140万美元，直至130万美元。

到此为止，日方表示价格无法再压。随后在持续长达9天的谈判中，双方总共谈崩了35次，最终拉锯战并没有结果，双方谁也不肯妥协让步。

『是否到了该签字的时候了？』娄厂长苦苦思索着，从对谈判整个历程的回顾来看，前一段基本上是日方漫天要价，我方就地还价，处于十分被动的地位，如果对方认为中国方面是抱着过了这个村就没有这个店的心理与他们进行压价谈判时，就难以再叫他们让步。于是娄厂长灵机一动，计上心来，立即和另一家西方公司做了洽谈联系。这一小小的动作立即被日商发现，总价立即降至120万美元。

这个价格可以说相当不错了。但娄厂长了解到当时还有几家外商同时在青岛竞销自己的编织袋生产线，这个形势对自己太有利了，他觉得应该紧紧把握住这个机会，很有可能再挤一挤，会迫使对方做出进一步的让价。

谈判桌上的角逐呈现白热化，娄维川等中方代表在日商住地谈了整整一个上午，日方代表震怒了：『娄先生，我们几次请示厂东，4次压价，从240万美元降到120万美元，比原价已降了50%了，可以说已经仁至义尽，而如今你们还不签字，实在太苛刻，太无诚意了！』他气呼呼地把提包甩在桌上。

娄维川站起：『先生，请记住，中国不再是几十年前的任人摆布的中国了，你们的价格，还有你的态度，我们都是不能接受的！』说完，娄维川同样气呼呼地把提包甩到了桌上，那提包有意没拉上锁链，经他这么一甩，里面那个西方某公司的设备资料与照片撒了一地。

日方代表见状大吃一惊，急忙拉住娄厂长满脸陪笑说道：『娄先生，我的权限已到此为止，请让我请示之后，再商量商量。』娄维川寸步不让：『请转告贵厂东，这样的价格，我们不感兴趣。』说完，抽身便走。

次日，日方毫无动静，有人沉不住气，怕真的谈崩了，落个竹篮打水一场空，而娄维川很泰然：『沉住气，明天上午会有信来的。』

果不出所料，第二天一清早便传来了信息，日方请中方暂不要与其他厂家谈判，厂东正和生产厂家协商，让几家一齐让价。下午，日方宴请中方并宣布了第五次压价，娄维川迅速反映，要求再降价5%则可成交。娄维川知道日方代表正处于两头受挤的处境，就主动缓和气氛：『你们是客人，理应由我们来宴请，这次宴会费用，我们包了，价格问题请再与东京恳请一下。』

对于此次要求能否为对方所接受，谈判能否成功，娄维川心理也没底，只是觉得能省一文就算一文，娄维川研究了谈判对手心理，预先想好了反建议，准备着我方的价格要求，一旦没办法正面达到，也要变换形式，把钱抱回来。

日方经过再次请示，宣布最后开价再让3%，为110万美元，距离娄维川的要求，只差了3万多美元了。娄维川看到这已经是最后价格，再挤下去不可能了，就慨然与日本代表握手成交，同时，他提出日方来华安装设备所需费用一律由日方承担，娄维川这个反建议又把那2%的差价挤过去不少。

谈判终于结束，娄维川累得一句话都不想再说。半个月功夫，白天在谈判桌上角逐，晚上不是商量对策就是连夜赶往土山镇汇报，就是铁打的，也有站不住的时候，日方的中国课课长对娄维川的副手孙世俊说：『你们厂长真厉害，我真有点怕和他打交道。』

娄维川的塑料编织带厂在此后一年多的时间里就给国家创汇700多万元，实现利润200多万元，工厂引进生产线的110万美元，只用了不到3年的时间就全部赚了回来。娄维川还带着大家对这套相当先进的设备进行了成功的改造，使年产量比原来设计能力又增加了400万条编织袋。

娄厂长高超的谈判艺术和技巧着实令人佩服，将设备售价从240多万美元降低到110多万美元，多么了不起。其奥妙在于娄厂长一方面对于市场有较全面的了解，另一方面就是娄维川具备了《孙子兵法》中《谋攻》篇所讲的『知胜有五』中『以虞待不虞者胜』（已充分周密的准备去对付准备不足的人能够获胜）这一条，让谈判对手慌了手脚，最终疑惑动摇，败下阵来。

威尔逊高价出售品质和服务

当年，威尔逊继承了父亲的美国塞洛克斯公司时，一天，一位德国籍发明家约翰·罗梭来访，和威尔逊谈到了自己正在研究的干式复印机。两人一拍即合，同意双方合伙协作。经过反复研制，塞洛克斯公司终于制造出干式复印机成品——塞洛克斯914型复印机。当时市面上所有的复印机都是湿式的，在使用之前必须用专门的涂过感光材料的复印纸，印出的是湿漉漉的文件，需要干透后才可以取走，用起来十分麻烦。相比之下，干式复印机则方便得多。

威尔逊决定把此产品作为『拳头产品』推出。刚开始，威尔逊打算把首批货以成本价推销，目的是开拓市场。他的律师提醒他：这是倾销，是法律不允许的。于是，威尔逊将卖价定为295万美元。

其实，干式复印机的成本仅2400美元，他却开出了相当于成本十多倍的高价。这可把副总经理罗梭惊呆了。因为在当时，法律是禁止高价出售商品的，但是威尔逊却信心百倍，他解释说：『我不出售成品，而是出售品质和服务，这就够了。』

不出威尔逊所料，这种新型复印机果然由于定价过高而被禁止出售。但因为展销期间已经向人们展示了它独特的性能，所以消费者都很渴望能用上这种奇特的机器。

威尔逊早已获得了复印机的生产专利权，『只此一家，别无分店。』因此，当威尔逊以出租服务的形式把新型复印机重新推出时，顾客顿时蜂拥而至。尽管租金很高，但由于受以前定价很高的潜意识的影响，顾客仍然认为物有所值。

不久，威尔逊的黄金时代来临了，干式复印机一下子流行起来。虽然公司拼命生产，但是产品仍然供不应求。由于产品被塞洛克斯公司独家垄断，加上先前的高额租金，所以塞洛克斯914型复印机以高价出售，大量的利润如潮水一样滚滚涌来。后来，公司营业额就高达3300万美元，而市场占有率已达15%；五年以后，公司营业额上升到近4亿美元，市场占有率可达66%，超过了湿式复印机；六年以后，营业额上升到5.3亿美元，塞洛克斯公司也被美国的《财富》杂志评为十年内发展最快的公司，从此跻身巨型企业行列。

威尔逊表面上是法律禁止了威尔逊高价出售，实际上是威尔逊借法律这把刀，堵死了消费者购买之门，把他们逼向威尔逊为其准备的租借之路；同时威尔逊还借超出平常的高租金，断了消费者廉价租用的念头，并为以后的定高价出售做好了准备。

当年，威尔逊继承了父亲的美国塞洛克斯公司时，一天，一位德国籍发明家约翰罗梭来访，和威尔逊谈到了自己正在研究的干式复印机。两人一拍即合，同意双方合伙协作。经过反复研制，塞洛克斯公司终于制造出干式复印机成品——塞洛克斯914型复印机。当时市面上所有的复印机都是湿式的，在使用之前必须用专门的涂过感光材料的复印纸，印出的是湿漉漉的文件，需要干透后才可以取走，用起来十分麻烦。相比之下，干式复印机则方便得多。

威尔逊决定把此产品作为『拳头产品』推出。刚开始，威尔逊打算把首批货以成本价推销，目的是开拓市场。他的律师提醒他：这是倾销，是法律不允许的。于是，威尔逊将卖价定为295万美元。

其实，干式复印机的成本仅2400美元，他却开出了相当于成本10多倍的高价。这可把副总经理罗梭惊呆了。因为在当时，法律是禁止高价出售商品的，但是威尔逊却信心百倍，他解释说：『我不出售成品，而是出售品质和服务，这就够了。』

不出威尔逊所料，这种新型复印机果然由于定价过高而被禁止出售。但因为展销期间已经向人们展示了它独特的性能，所以消费者都很渴望能用上这种奇特的机器。

威尔逊早已获得了复印机的生产专利权，『只此一家，别无分店。』因此，当威尔逊以出租服务的形式把新型复印机重新推出时，顾客顿时蜂拥而至。尽管租金很高，但由于受以前定价很高的潜意识的影响，顾客仍然认为物有所值。

不久，威尔逊的黄金时代来临了，干式复印机一下子流行起来。虽然公司拼命生产，但是产品仍然供不应求。由于产品被塞洛克斯公司独家垄断，加上先前的高额租金，所以塞洛克斯914型复印机以高价出售，大量的利润如潮水一样滚滚涌来。后来，公司营业额就高达3300万美元，而市场占有率已达15%；五年以后，公司营业额上升到近四亿美元，市场占有率可达66%，超过了湿式复印机；六年以后，营业额上升到5.3亿美元，塞洛克斯公司也被美国的《财富》杂志评为十年内发展最快的公司，从此跻身巨型企业行列。

威尔逊表面上是法律禁止了威尔逊高价出售，实际上是威尔逊借法律这把刀，堵死了消费者购买之门，把他们逼向威尔逊为其准备的租借之路；同时威尔逊还借超出平常的高租金，断了消费者廉价租用的念头，并为以后的定高价出售做好了准备。